Edmond DUCHATEL

LA VUE A DISTANCE

DANS LE TEMPS ET DANS L'ESPACE

ENQUÊTE

SUR DES

CAS DE PSYCHOMÉTRIE

(Janvier-Décembre 1909)

Préface de M. Joseph MAXWELL

suivie d'une conférence relative à

L'INFLUENCE DE L'AMOUR SUR L'ÉCRITURE

par M° Paul de FALLOIS
avocat à la Cour de Paris

—◦— PRIX : 3 fr. 50 —◦—

PARIS

LEYMARIE, ÉDITEUR

42, RUE SAINT-JACQUES, 42

1910

ENQUÊTE

SUR DES

CAS DE PSYCHOMÉTRIE

DU MÊME AUTEUR :

L'Art du Repos

et

L'Art du Travail

————

Influence de l'ORIENTATION

sur

L'ACTIVITÉ MUSCULAIRE ET NEURO-PSYCHIQUE

par

M.M. Duchâtel et Warcollier

————

PRIX : 1 franc

————

Edmond DUCHATEL

LA VUE A DISTANCE

DANS LE TEMPS ET DANS L'ESPACE

ENQUÊTE

SUR DES

CAS DE PSYCHOMÉTRIE

(Janvier-Décembre 1909)

Préface de M. Joseph MAXWELL

suivie d'une conférence relative à
L'INFLUENCE DE L'AMOUR SUR L'ÉCRITURE
par Mᵉ Paul de FALLOIS
avocat à la Cour de Paris

PARIS
LEYMARIE, ÉDITEUR
42, RUE SAINT-JACQUES, 42

1910

Aux savants illustres qui n'ont pas craint d'aborder les problèmes les plus troublants de la psychologie nouvelle.

A Messieurs :

WILLIAM JAMES, *Professeur de philosophie à l'Université de Harvard (Cambridge) Massachusetts, Etats-Unis d'Amérique; Membre étranger de l'Institut de France (Académie des Sciences morales et politiques.)*

SIR OLIVER LODGE, *Recteur de l'Université de Birmingham (Angleterre);*

HENRI MORSELLI, *Professeur de pat' ... ogie à l'Université de Gênes (Italie);*

CAMILLE FLAMMARION, *Président de la Société universelle d'études psychiques (France).*

Sont très respectueusement dédiées ces patientes recherches sur la « Psychométrie » et l'essai d'une « Analyse générale, » de ses résultats, de ses moyens, de ses erreurs, de ses conséquences philosophiques.

Les Basserons-Montmorency (Seine-et-Oise).
1/1/1910.

EDMOND DUCHATEL.

NOTA. — Le monde savant pleure aujourd'hui la mort de M. William James.

L'illustre psychologue avait été pressenti l'hiver dernier, par le gracieux intermédiaire de M. Marcel Margin, pour savoir s'il consentirait à accepter la dédicace qui précède.

Il l'avait bien voulu, intéressé qu'il était tout spécialement par le sujet de cette étude.

Nous lui dédions donc pieusement ce livre, en témoignage de notre sincère reconnaissance et de notre profonde admiration.

DUCHATEL. (27 août 1910).

LETTRE DE M. CAMILLE FLAMMARION

L'illustre astronome a gracieusement accepté la dédicace de ce livre par la lettre ci-jointe, que M. Duchâtel a eu l'honneur de recevoir à Juvisy même, le 26 juin 1910.

Cher Monsieur,

« J'ai pris connaissance de votre Enquête sur des cas de psychométrie, et je vous félicite de ce travail. Il est utile au progrès de soumettre ces phénomènes énigmatiques au creuset de la méthode expérimentale.

« J'accepte avec plaisir que vous inscriviez mon nom dans votre dédicace, et je fais des vœux pour que la psychométrie devienne une branche de la science positive.

« Recevez, je vous prie, l'expression de ma meilleure sympathie.

Signé : FLAMMARION. »

Observatoire Flammarion.
Juvisy (Seine-et-Oise). Le 26 juin 1910.

PRÉFACE

PAR

M. JOSEPH MAXWELL

Mon ami, M. Duchâtel, m'a fait l'honneur de me demander une préface pour son livre : j'ai accepté avec plaisir, parce que je considère que l'importance du problème étudié, la manière dont il a été analysé et la finesse des solutions proposées font de l'œuvre de M. Duchâtel un des travaux les plus dignes de l'attention des chercheurs.

La psychométrie existe-t-elle? L'auteur répond par l'affirmative et cite des exemples à l'appui de sa doctrine. Je suis de son avis sur ce point. Il semble que certaines personnes aient la faculté, soit spontanément, soit par l'intermédiaire d'un objet matériel, de se mettre en relation avec des choses ou des gens inconnus et souvent fort éloignés d'elles.

Cette faculté n'est pas toujours à l'abri des erreurs, et son incertitude justifie la prudence de ceux qui l'étudient avec une bienveillante sincérité mais qui ne s'y fient pas. Car, je crois être d'accord là-dessus avec M. Duchâtel, on peut obtenir des indications exactes avec certains sensitifs, mais ces indications peuvent quelquefois, malgré leur exactitude, s'appliquer à des personnes ou à des époques autres que celles dont le consultant a l'idée.

Par conséquent, non seulement les bons psychomètres *honnêtes et bien doués* sont rares, mais encore leurs impressions ne sont pas toujours sûres à cause de leur indétermination. Il ne faut jamais régler sa conduite sur leurs indications.

Cette réserve faite, je reconnais volontiers que souvent les sensitifs donnent des descriptions fort exactes du caractère, de l'aspect physique, de l'existence passée des personnes ayant possédé l'objet qu'elles touchent ou ayant été en relations avec le consultant.

Quelle est la cause de cette sensibilité particulière? L'analyse de M. Duchâtel le conduit à écarter la simple lecture de pensée, et les raisons qu'il donne sont convaincantes. Bien que je croie trouver dans une certaine communication des images mentales l'explication ordinaire de la psychométrie, j'admets que dans les cas cités par l'auteur, cette hypothèse devient trop compliquée pour être probable.

Y a-t-il un fluide particulier qui émane de chacun de nous, qui est le véhicule et comme le prolongement de nous-mêmes et qui teint de notre couleur propre les objets ayant été en contact avec nous? Faut-il croire avec le poète que :

> Partout où nous avons passé
> Quelque chose de nous demeure?

Telle paraît être l'opinion de M. Duchâtel et je dois dire que son analyse des faits observés est un excellent plaidoyer en faveur de son hypothèse. Cette théorie explique en effet des phénomènes qui sont moins intelligibles dans d'autres systèmes; par exemple l'aptitude spéciale de certains psychomètres à percevoir les gens par leur côté *intellectuel* ou *matériel* et leur *affinité élective* pour certains possesseurs d'un objet. La doctrine de l'auteur permet une classification très logique et très simple des sensitifs; elle permet aussi de prévoir une classification possible des effluves émanant des individus.

Mais M. Duchâtel n'a pas limité son analyse à ces éléments du problème; il a essayé de déterminer la cause générale de la faculté qu'il examinait et il a voulu trouver une loi qui rendit compte à la fois des vérités et des erreurs. Cette recherche l'a d'abord conduit à l'étude du mécanisme psychologique de la psychométrie; il a mis en évidence, avec beaucoup de clarté, l'indifférence des moyens employés. Ses observations confirment les miennes; la sensibilité particulière des sujets est indépendante du procédé qu'ils emploient pour déterminer l'état psychique favorable à l'exercice de leur faculté. Les lignes de la main, les cartes, les épingles, jouent le rôle d'inducteurs de cet état particulier; l'auteur paraît avoir encore raison lorsqu'il associe cet état à l'activité subconsciente.

. Chez beaucoup de sensitifs, on observe une véritable *trance* hypnoïde, laissant supposer l'existence d'un « état second » dans lequel la conscience organique, ou subconscience, cesse d'être refoulée au second plan par la conscience personnelle. Les sujets qui restent en apparence à l'état normal m'ont paru subir eux-mêmes une éclipse plus ou moins grande de leur personnalité normale, ce que révèle leur concentration psychologique sur leurs impressions. Leur parle-t-on brusquement d'autre chose, ils éprouvent une sorte de malaise, correspondant à un réveil brutal de leur conscience ordinaire.

Je tiens donc les conclusions de M. Duchâtel pour fondées. La psychométrie est une faculté qui est en connexion avec la conscience organique; c'est ce qui explique le caractère symbolique de certaines perceptions hallucinatoires ou à forme d'hallucinations embryonnaires, accusées par les sensitifs. Ce que dit l'auteur du symbolisme est fort juste; il montre que le caractère synthétique et concret, la *dramatisation*, la *mise en scène* est un trait commun à toutes les manifestations de l'activité subconsciente de l'esprit. M. Duchâtel signale avec raison l'analogie des impressions psychométriques avec les messages télépathiques et les rêves.

La probabilité en faveur de l'exactitude de la théorie de M. Duchâtel est confirmée par son examen des erreurs. Cependant je lui ferai sur ce point une critique; il a borné son analyse à deux grandes classes d'erreurs, celles de sexe et celles de direction : j'aurais voulu qu'il apportât son ingéniosité et sa pénétration à l'étude de toutes les erreurs. J'espère qu'il ne reculera pas devant cette tâche, bien qu'elle soit difficile; la manière dont il a déterminé les causes des erreurs de sexe et de direction nous donne le droit de lui demander qu'il continue l'œuvre commencée.

Quelle est l'influence de la santé, de la fatigue, sur les facultés des psychomètres? J'ai lieu de penser que la fatigue peut vicier les résultats d'une manière notable. Si cela est vrai, il y aurait là une indication précieuse pour les sensitifs eux-mêmes.

Je n'ai pas besoin de dire combien je suis disposé à me ranger aux côtés de M. Duchâtel lorsqu'il affirme énergiquement le caractère normal de la sensibilité psychométrique. Mes recherches, patiemment poursuivies, n'ont fait que m'affermir dans la conviction exprimée par moi en 1903. Les facultés « psychiques » n'ont rien de commun avec l'hystérie et la névropathie. Leur exercice, sans abus bien entendu, ne peut faire aucun mal.

Car, il faut le dire en terminant, ces facultés existent, à des degrés divers, chez tout le monde, et M. Duchâtel a raison de l'écrire. Philosophiquement, la psychométrie n'est que le cas particulier d'une loi générale de l'esprit, celle qui préside à la connaissance intuitive. Il peut paraître extraordinaire, au xxᵉ siècle, de considérer l'intuition comme un des modes généraux de la connaissance; c'est cependant à cette conclusion que l'on doit arriver si l'on veut mettre la psychologie d'accord avec *tous* les faits observés. L'œuvre importante de M. Duc el est une pierre apportée aux fondations de l'édifice où s'abritera la philosophie future; il faut le féliciter de s'être dégagé de tout préjugé et de tout parti pris, mais il faut aussi lui dire que les résultats de ses recherches passées sont tels qu'ils donnent le droit de lui réclamer de nouvelles investigations.

AVANT-PROPOS

L'illustre poète des *Chaînes* a écrit ces vers délicats
et tendres :

> J'ai voulu tout aimer et je suis malheureux,
> Car j'ai de mes tourments multiplié les causes;
> *D'innombrables liens frêles et douloureux*
> *Dans l'univers entier vont de mon âme aux choses,*
>
> Tout m'attire à la fois et d'un attrait pareil :
> Le vrai par ses lueurs, l'inconnu par ses voiles;
> Un trait d'or frémissant joint mon cœur au soleil
> Et de longs fils soyeux l'unissent aux étoiles.
>
> La cadence m'enchaîne à l'air mélodieux,
> La douceur du velours aux roses que je touche;
> D'un sourire j'ai fait la chaîne de mes yeux,
> Et j'ai fait d'un baiser la chaîne de ma bouche.
>
> *Ma vie est suspendue à ces fragiles nœuds,*
> *Et je suis le captif des mille êtres que j'aime.*
> *Au moindre ébranlement qu'un souffle cause en eux*
> *Je sens un peu de moi s'arracher de moi-même.*

Est-il vrai que :

> *D'innombrables liens frêles et douloureux*
> *Dans l'univers entier vont de notre âme aux choses?*

— Oui, si, comme le démontrent des expériences
de psychométrie patiemment poursuivies pendant une

année, il suffit d'une lettre, d'un objet, pour reconstituer le passé d'une personne qui a écrit cette lettre ou touché cet objet ; oui, si la trace de nos idées, de nos joies, de nos douleurs, s'attache à nos vêtements, à nos bijoux, à nos photographies et surtout, semble-t-il, à *ces petites éponges fluidiques imbues de pensées* selon l'expression si pittoresque et si suggestive employée par M. Warcollier pour désigner les documents écrits. Oui, — si le psychomètre peut éprouver, — et nous tous sans doute à un degré moindre, — dans les lieux qui ont « vu » une scène tragique, certaine angoisse spéciale qui lui décèle l'existence d'un drame oublié, en sorte que Virgile aurait dit vrai, et que deux mille ans après lui nous pourrions répéter que le « Sunt Lacrymæ rerum » reste l'expression immortelle autant que *littérale* de la sensation confuse qui nous étreint en face des témoins muets de nos douleurs humaines.

Nous voudrions faire toucher du doigt certains faits, certains résultats matériels qui peuvent contribuer à faire entrer la psychométrie dans le cercle des recherches dignes de l'attention des philosophes et de l'investigation scientifique, en dehors de tout parti pris d'école ou de secte, avec le seul souci d'étudier une faculté encore mystérieuse de la nature humaine.

LA VUE A DISTANCE

CHAPITRE I

Dans l'antre des sorcières.

Le mot évoque l'antiquité de la tradition selon laquelle la « seconde vue » serait contemporaine des premiers âges de l'histoire.

Aujourd'hui, l'antre de la sorcière est généralement un salon plus ou moins modern style!

J'en franchis le seuil pour la première fois en janvier 1909 avec un parfait scepticisme. C'est, en effet, par une « professionnelle » que débute mon enquête. Une femme de lettres m'avait vanté jadis les diagnostics à *distance* d'une voyante de la rive gauche à *qui il ne fallait rien demander en dehors des cas de maladie.* Je désirais faire la contre expérience d'un diagnostic médical touchant la santé d'une personne chère; (que ceux qui ont aimé me le pardonnent!)

Mais j'ignorais tout de la psychométrie (sauf quelques articles des *Annales des Sciences psychiques*).

De prime abord, la psychomètre me demanda soit un objet ayant touché le corps de la malade, soit des cheveux fraîchement coupés près de la racine. N'ayant rien de tout cela, j'offris ce que j'avais : une lettre de décembre (un mois de date); on me répondit sans l'ouvrir qu'il aurait fallu à tout le moins une lettre de la veille!

Ce n'est que le 26 mars que je pus (Dieu sait au prix de quelles ruses!) me procurer un objet ayant touché le corps de l'intéressante malade et l'apporter à la « voyante. »

Mme N. est somnambule; après s'être endormie d'elle-même et avoir longuement palpé l'objet en question, elle fournit un diagnostic tellement précis et complet, vérifiant d'ailleurs celui du médecin, que j'en fus vivement impressionné et que je résolus immédiatement de tenter une contre-épreuve en m'adressant sur l'heure à un « médium guérisseur » poursuivi jadis pour exercice illégal de la médecine et dont l'adresse ne m'était connue que par un ancien article de journal. Cette fois-ci, la vérification générale du diagnostic fut obtenue par des procédés encore plus bizarres et vaguement spirites, mais enfin il y eut concordance sur tous les points principaux.

Cette double expérience, à quelques minutes d'intervalle, me parut tellement frappante qu'elle me décida à ouvrir une enquête aussi étendue et aussi précise que possible sur la psychométrie contemporaine. Poursuivie avec une inlassable patience et en cherchant à multiplier les rapprochements, les contrôles, elle a porté sur une dizaine de « psychomètres » des deux sexes, dont quelques-uns, *non professionnels* et appartenant aux genres les plus divers. C'est le résumé d'une soixantaine d'expériences de cette nature que nous livrons au public, avec l'analyse des résultats obtenus et des procédés employés sous nos yeux. Nous ne sommes jamais intervenu aux expériences qu'en simple témoin, évitant toute question, toute remarque, toute parole même, afin d'éviter jusqu'à la plus légère apparence de suggestion.

Nous avons fait plusieurs expériences de nature à exclure toute lecture de pensée.

Enfin nous avons pris des notes immédiates, nous contentant d'écrire le plus souvent sous la dictée.

Ceci est donc un livre *de bonne foi*. Nous prions le lecteur de vouloir bien chercher à son tour tout ce qu'il peut y avoir à glaner dans ce champ inexploré.

Voici l'état actuel de l'opinion vis-à-vis de la psychométrie :

Les uns croient.

Les autres nient.

Personne (ou presque), ne s'est donné la peine d'étudier pour se faire une opinion personnelle.

Pourtant aucune étude n'est plus attachante, plus passionnante même que celle-ci, car elle touche à l'essence même du moi et à toutes les questions philosophiques qui constituent le patrimoine intellectuel de l'humanité.

CHAPITRE II

Analyse des tempéraments psychométriques.
Les intellectuels, les matériels, les somnambules éveillés
Les somnambules endormis, les « guides. »

Tout d'abord, nous devons déclarer, à notre grande surprise, — surprise qui sera partagée sans doute par beaucoup de lecteurs, — que les résultats obtenus par divers psychomètres, lorsqu'ils sont mis en présence du même objet ou de la même personne, sont généralement concordants. Nous ne voulons pas préjuger en ce moment de la valeur de la preuve que l'on peut tirer de cette concordance en faveur de la véracité de la psychométrie; mais enfin la concordance existe.

Nous tenons cependant à faire observer dès le début que sous cette concordance d'ensemble, on voit se dessiner toute une variété de tempéraments psychométriques, chacun caractérisé par des différences dans l'étendue des résultats, à tel ou tel point de vue particulier. Il semble qu'il y ait presque autant de natures de sensibilités spéciales qu'il y a de psychomètres.

Cependant nous croyons pouvoir les classer en deux grandes catégories, au point de vue des résultats obtenus (étant entendu que beaucoup de sujets appartiennent plus ou moins aux deux catégories à la fois, les limites n'en étant pas rigoureusement tranchées).

Il y a d'abord les psychomètres à sensibilité matérielle.

C'est par eux, on l'a vu, que nous avons commencé

chez Mme N. et M. P. par des expériences de diagnostic pathologique à distance.

A Mme N. en particulier, il ne faut rien demander qui ne se rapporte à l'état physique d'une personne, — et sur ce sujet spécial elle est d'une rare précision. — Nous ne voulons pas examiner en ce moment si cette spécialisation est le résultat d'une disposition particulière de l'organisme du psychomètre ou simplement le résultat d'une éducation, d'un entraînement spécial, nous constatons simplement.

Dans la catégorie des psychomètres à sensibilité matérielle, nous croyons pouvoir ranger aussi l'éminent psychomètre, non professionnel, M. Ph. dont le genre de vision consiste spécialement en une série de petits tableaux qui se succèdent comme une série de vues cinématographiques et dans lesquels la personne considérée est presque toujours vue du *dehors*.

En sens contraire :

Mme F., avec laquelle nous avons fait un très grand nombre d'expériences, est un psychomètre à sensibilité presque uniquement intellectuelle.

Sa psychologie est d'une rare finesse et d'une pénétration véritablement inquiétante. Nous avons pu — sans flatterie aucune — lui décerner un jour le titre, selon nous mérité, de « La Bruyère en jupons. » Mais il ne faut attendre d'elle, en principe du moins, aucune description matérielle.

A peine, dans quelques expériences, Mme F. a-t-elle intercalé dans son analyse psychologique, si délicate et si précise à la fois, une ou deux lignes sur l'état de santé ou l'aspect extérieur de la personne considérée.

Entre ces deux grandes catégories de psychomètres à sensibilité intellectuelle ou à sensibilité matérielle, nous avons eu le rare bonheur de trouver en Mme L⁺ F. un très curieux intermédiaire.

Nous avons eu la bonne fortune de pouvoir contrôler

avec Mme L¹ F. des expériences précédemment faites avec notre principal « sujet » intellectuel Mme F. et les données générales se sont trouvées reproduites de part et d'autre, en des termes analogues; mais, alors que la psychologie de Mme F. se développait en 7 ou 8 feuilles de bloc-notes, sa jeune émule Mme L¹ F. résumait en une ou deux pages les caractères intellectuels ou moraux de la même personnalité pour passer ensuite à des descriptions de la personne physique, de la maison habitée, de son entourage, etc....

Nous pouvons, je crois, tirer immédiatement de cette diversité des phénomènes de psychométrie obtenus, selon que nous passons d'un psychomètre à un autre, une conséquence importante, c'est que la psychométrie est bien quelque chose d'objectif, qu'elle ne dépend pas, — du moins *uniquement*, — du consultant, de l'expérimentateur qui va successivement présenter un même objet à différents sujets. En effet, l'expérimentateur et l'objet restant les mêmes, le résultat varie, et il varie tout en restant vrai; seulement, l'on obtient tel ou tel fragment de vérité, tantôt une image physique, tantôt une image intellectuelle ou sentimentale, et cela d'une manière assez régulière correspondant avec les aptitudes propres du psychomètre.

En résumé, le psychomètre, homme ou femme, serait comme un instrument d'optique propre à recevoir certains rayons lumineux à l'exclusion de certains autres. Il ne faut lui demander que ce qu'il peut donner, et ceci explique déjà l'erreur d'une grande partie du public à l'égard des professionnels auxquels les clients croient pouvoir demander tout ce qu'ils désirent savoir.

En admettant que le professionnel soit réellement *un psychomètre* et qu'il soit honnête et sincère, rien n'est plus dangereux que de lui poser des questions et de lui demander de voir ce qu'il ne voit pas *naturellement*, lorsqu'il est mis en présence de l'objet, de la lettre ou de la personne. C'est un moyen de le suggestionner; c'est l'induire en tentation de répondre en truquant, pour ne pas mécontenter le client, et ceci est d'autant plus imprudent qu'il s'agit d'une faculté certainement inconsciente, qui échappe à l'action de la conscience normale; et que le psychomètre nous paraîtrait difficilement responsable de la fraude inconsciemment commise pour répondre, *vaille que vaille*, à une question impérative.

Le lecteur se demandera sans doute si ces différences de *tempérament psychométrique*, entre les sensitifs matériels et les sensitifs intellectuels, se rattachent à une différence dans le procédé employé par le sujet ou dans la manière d'opérer de l'expérimentateur. Nullement. Les psychomètres que nous avons observés se sont rarement placés dans un état somnambulique au moins *apparent*. Nous soulignons le mot *apparent* parce que nous ne savons pas si certains sujets ne sont pas, lorsqu'ils opèrent, dans un état spécial qui ne serait ni le somnambulisme, ni l'état de veille ordinaire, mais un état de « somnambulisme éveillé » qui aurait tous les caractères apparents de l'état de veille et participerait aux facultés propres des somnambules.

Mais éveillés ou endormis, les psychomètres que nous avons vus conservaient le même genre de tempérament, la même spécialité, si j'ose dire, — et lorsque le même sujet a pu être observé par nous successivement à l'état de veille et à l'état de somnambulisme, nous n'avons guère relevé que des différences en plus ou en moins (comme étendue et pénétration de leur faculté d'investigation).

S'il y a une nuance *en plus* (comme profondeur de vision) elle paraît appartenir à l'état somnambulique avec une tendance à parler *au futur* dont il sera question dans un autre chapitre.

Les psychomètres éveillés sont eux-mêmes assez

différents les uns des autres. Les uns, comme Mme F.,
Mme de T. ou M. de F., etc. semblent reprendre avec
vous, sans aucun effort apparent, une conversation
mondaine interrompue la veille. D'autres, comme M. Ph.,
s'absorbent profondément avec une tension cérébrale
plus évidente que chez les précédents ; — les yeux clos,
la main au front, ils se recueillent pendant quelques
instants. Mme V., tout en restant éveillée, a des secousses nerveuses dans les mains et une fixité du
regard qui tient de l'aspect somnambulique.

Parmi les somnambules *proprement dits*, il y a des
sujets qui croient sentir auprès d'eux un « guide » qui
leur indique les réponses à faire. Pour l'une de nos
psychomètres le « guide » serait « feu son propre père. »
Nous notons cette déclaration sans prendre parti ni
pour ni contre l'existence réelle du guide.

Nous considérons d'ailleurs que toutes les habitudes
d'esprit, tous les procédés employés par les psychomètres doivent être respectés par l'expérimentateur
s'il veut arriver à un résultat. Il semble que la psychométrie soit la manifestation d'un sens infiniment délicat
que chaque sujet est arrivé à développer par des moyens
et des exercices qui peuvent paraître puérils, absurdes,
ridicules même, mais qui ne peuvent être modifiés du
jour au lendemain sans que le sujet soit désorienté.

L'expérimentateur doit d'abord accepter les conditions de l'expérience, c'est-à-dire prendre le sujet tel
qu'il est, avec ses habitudes et même ses manies, ce
qui n'empêche pas de l'observer avec soin et de contrôler rigoureusement ses déclarations.

Avant tout, il ne faut lui demander que ce qu'il peut
donner, lui laisser dire ce qu'il voit, ce qu'il sent, et
ne pas lui demander autre chose.

Même lorsqu'il se trompe, ses erreurs mêmes sont
fécondes en remarques philosophiques, car elles peuvent
s'expliquer le plus souvent et contribuer à établir, —

dans l'avenir, — la loi définitive de ces phénomènes étranges.

Ce qui fait défaut aujourd'hui, c'est un assez grand nombre d'observations pratiquement conduites et sérieusement contrôlées que nous désirerions voir porter sur chaque genre de *tempérament psychométrique* et particulièrement sur les deux grandes catégories des sensitifs *matériels* et des sensitifs *intellectuels*.

CHAPITRE III

Analyse des résultats psychométriques.
Sensitifs intellectuels[1]. — Psychologie à distance.

Nous avons rencontré en Mme F. ce que nous consi-dérons comme le type le plus parfait du psychomètre à sensibilité « intellectuelle. » Mme F. est la psychologie en personne. Voici en deux mots comment elle opère, ou plus exactement comment nous avons opéré avec elle :

Nous lui avons apporté chaque fois deux lettres choi-sies dans des correspondances généralement assez ré-centes (15 jours à 3 mois) mais quelques-unes datant cependant d'une dizaine d'années.

Toutes les fois qu'il y avait un en-tête ou une signa-ture pouvant mettre la psychomètre sur la voie, nous avons découpé cette partie de la lettre ou nous l'avons couverte d'un papier opaque soigneusement collé.

La psychomètre a donc eu en général la faculté de lire les lettres; nous devons reconnaître qu'elle n'use de cette faculté que pour regarder les caractères géné-raux de l'écriture en prenant quelques lignes comme échantillon.

Donc Mme F. opère en apparence comme un simple

1. Mme F. considérée dans ce chapitre comme le type des « psycho-mètres intellectuels » n'a jamais été endormie par nous, ni en notre présence. Elle a conscience pleine et entière de ce qui se passe pen-dant les « consultations » et ses facultés d'intuition véritablement mer-veilleuses s'allient indiscutablement à une observation très fine des indications graphologiques auxquelles elle a parfois recours, comme points de repère matériels.

graphologue; mais les résultats qu'elle donne sont infiniment plus étendus et plus précis que ceux de la graphologie. C'est donc à notre point de vue une pure illusion.

Nous avons d'ailleurs dans l'expérience du 29/10/09 collé 2 feuilles de papier qui ne présentaient au dehors qu'une surface blanche, l'écriture étant placée à l'intérieur et fort peu visible par conséquent, et le résultat n'en a pas moins été excellent.

En général, d'ailleurs, Mme F. semble bien plutôt *palper* la lettre et se servir du toucher que des yeux.

Nous n'avons presque jamais opéré chez Mme F. qu'avec des lettres. Toutefois, elle a, une fois, commencé sur la main une consultation à forme de chiromancie; mais quelques minutes après, apercevant des notes prises par la personne dont elle tenait la main, elle a continué d'après ces notes la consultation commencée et elle a paru plus à l'aise en revenant à ce que nous appellerons la « voyance » à forme graphologique.

Elle considère d'ailleurs, nous a-t-elle dit une fois, que l'analyse de l'écriture est pour elle comme un point de repère qui l'empêche de faire fausse route. Il ne nous semble pas qu'elle se figure réellement devoir à la graphologie elle-même les développements vraiment inattendus de son analyse psychologique.

Nous lui avons apporté des lettres de toute origine, en langue française et en langues étrangères inconnues d'elle; des lettres d'hommes du monde et de domestiques, de ministres et d'assassins, de grandes dames et de cuisinières, d'enfants et de vieillards. Nous avons toujours été surpris de l'exactitude des résultats obtenus qu'on peut certainement chiffrer à plus des 8/10 des faits notés dans chaque analyse.

Beaucoup de « caractères » tracés par elle se présentent avec une telle force de déduction logique qu'elle fait toucher du doigt l'enchaînement des qualités (ou des défauts) qui ont influé sur la vie du personnage.

Mme F. procède un peu comme le ferait un auteur dramatique qui esquisse des caractères au premier acte pour en tirer les conséquences aux actes suivants.

En tout cas, cette logique déductive, si frappante, semble prouver que chez cette psychomètre la faculté d'intuition (ou de psychométrie) proprement dite est doublée d'une faculté de raisonnement qui s'associe à la première, *parte in quâ*, selon les expériences.

Mme F. ne présente aucun des caractères apparents de l'hypnotisme. Elle déclare d'ailleurs qu'elle ne dort pas. Elle passe sans repos et sans fatigue visible d'une consultation à l'autre; son élocution est d'une facilité remarquable. Sa volubilité qui se manifeste dès le premier mot de la consultation permet à peine de prendre des notes sous la dictée; nous ne le pouvons du moins qu'en la priant de s'arrêter quelquefois pour nous permettre à *nous* de reprendre haleine.

Dès qu'elle voit la lettre, elle a immédiatement une sensation *presque physique* de sympathie ou d'anti-pathie pour l'auteur de cette correspondance. Elle la manifeste souvent en termes très vifs. Il est assez remarquable que sa sympathie va presque toujours aux mêmes : aux natures franches et droites, quels que soient leur sexe, leur âge, leur condition sociale ou leur degré de culture. Son antipathie se prononce immé-diatement contre les caractères faux, retors ou simple-ment... habiles. Elle paraît avoir cependant, comme nous avons cru le remarquer chez tous les psychomètres *féminins*, une nuance de sévérité pour son propre sexe. Après cette impression première, l'analyse commence aussitôt, et ne se fait pas attendre deux minutes.

Il nous est naturellement difficile de présenter ici les nombreux dossiers que nous avons formés chez Mme F. Seul, peut-être, le caractère d'un homme public inté-resserait la majorité de nos lecteurs.

Pour des raisons de convenance et de discrétion nous donnerons, à titre d'échantillons, quatre « Caractères » tracés par Mme F. et qui le sont de main de maître.

On pourra ainsi apprécier sa manière, sinon se rendre compte de tout ce qu'il a de curieux et souvent d'inattendu dans ses analyses.

Voici d'abord :

1° Un homme politique ;

2° Un haut magistrat, connu par de remarquables travaux historiques ;

3° Un jeune savant de 29 ans ;

4° Et ensuite la lettre, non signée, qui a servi à l'expérience, afin d'indiquer le peu qu'il faut à la psychomètre ;

5° Pour représenter le sexe féminin (*sans être désagréable à aucune de nos lectrices*), une jeune fille de neuf ans, avec la petite lettre enfantine qui a servi à l'expérience.

I

Psychométrie d'un homme politique faite sur 10 lignes banales, sans date ni signature :

« Tout ce qu'il y a de plus intelligent. Culture, finesse, et beaucoup de personnalité dans les idées. Dominante : charme, grâce, désir d'imposer une certaine sympathie, s'y emploie avec beaucoup de finesse. Cherche une popularité, plutôt dans une élite que dans le peuple car il est d'une nature très aristocratique.

« Beaucoup d'érudition, culture très soignée dans le sens philosophique et littéraire ; de la souplesse, des qualités d'assimilation et de tact ; grande facilité à parler, à exprimer, par écrit ou par la parole, ce qu'il pense, et à s'adapter à la personnalité des gens qui l'entourent. Diplomatie extraordinaire.

« Son caractère paraît froid, parce qu'il est extrèmement réservé et extrèmement prudent. Cache sous ces dehors-là une très grande sentimentalité; il n'accorde pas toute sa vie au travail et à l'ambition; il réserve une large part aux joies du cœur; est très sensible et très fin dans son impressionnabilité. Capable d'aimer énormément en dépit de sa froideur apparente; capable de se donner avec beaucoup de loyauté à ses amis et à la femme qu'il aime. Est plutôt tendre que sensuel. N'est pas un emballé, malgré sa sensibilité. Raisonne, agit toujours avec ordre et méthode. Ainsi, même entouré de femmes séduisantes, s'il n'est pas tenté par elles, cela tient surtout à sa réflexion, à son goût d'ordre, de logique, à l'impossibilité où il est de s'emballer.

« A pourtant de l'imagination; est aussi idéaliste et rêveur, mais est surtout un homme de bon sens, qui veut réaliser un programme qu'il s'est fixé depuis longtemps.

« Sa volonté, qui a l'air d'être très tenace, et qui l'est en réalité, est le fruit de son raisonnement et d'un long travail d'application, car, naturellement, il serait plutôt faible et de nature à se laisser influencer par l'affection, par ceux qui l'entourent familièrement, et, aimant ses habitudes, il se laisserait mener par ceux à qui il est habitué.

« Très content de lui; contentement développé par sa situation, mais qui disparaît dans l'intimité. Ni fatuité, ni vanité d'homme ridicule.

« Très tenace.

« Adore la distinction sans être snob, apprécie le voisinage des gens bien élevés, mais personnellement simple.

« Au fond, hésitant, écoute ce qu'on lui dit, ne se livre pas facilement; tout en étant loyal, craint de se laisser connaître, ce qui paralyse ses élans; la diplomatie acquise par la vie a atténué ses impulsions naturelles qui étaient charmantes autrefois.

« Santé délicate, grand nerveux, mélancolie intérieure qui vient de ce qu'il envisage tout avec inquiétude.

« Honnête, fidèle à sa parole, consciencieux dans ses devoirs, et ne se lançant pas dans un travail avant de l'avoir parfaitement compris.

« Un peu difficile dans la vie intime; il faut connaître ses habitudes et les respecter. » . . . .

. . . .

II

Psychométrie d'un haut magistrat (faite sur un billet de quelques lignes, à signature illisible, relatif à un déjeuner) :

« Intelligence rapide et ouverte, spontanée dans sa compréhension, et apte à s'assimiler les idées générales. Esprit vif, prompt à la riposte, mais plus bienveillant qu'ironique.

« Mobilité dans les pensées, et aussi dans l'humeur.

« Cerveau primesautier, original, mais doué néanmoins d'une logique claire et précise. Habitude de la réflexion rapide et des décisions prises, pourtant avec mesure.

« Jugement appuyé sur un bon sens indiscutable, mais porté à se manifester avec une certaine hésitation, tant la crainte de s'égarer détruit, dans l'auteur de ces lignes, toute confiance en soi. Cependant, il faut ajouter que sa situation et ses manières coutumières dénotent, au contraire, un caractère sûr de ses actes et un peu despote.

« En réalité, le fond de son âme est tout différent, et

je n'y découvre que des traces de bonté délicate et sensible, ainsi que l'inquiétude de se tromper en jugeant d'une façon téméraire.

« La probité, le sentiment de la justice et du devoir sont des traits prédominants. Ils sont avivés par une grande serviabilité.

« Désir énorme, et presque impulsif, de faire plaisir autour de soi et de se montrer bienfaisant.

« Grande satisfaction intérieure, en présence d'une bonne action qui est appréciée.

Tendances d'ailleurs légères, et exemptes de fatuité, à rechercher la joie de plaire. Coquetterie qui se dérobe sous des manières très simples.

« Activité, entrain, bonne humeur, enjouement, vitalité; jeunesse d'esprit infiniment attrayante, optimisme.

« Cœur généreux, incapable d'une mesquinerie ou d'une réelle rancune.

« Impressionnabilité féminine; passe vite de la joie à la tristesse et supporte malaisément la solitude, en raison de sa nervosité et de la tournure trop active de ses pensées; mais les mélancolies disparaissent vite, détruites par un grand courage intérieur.

« Volonté un peu fluctuante dans certains cas et apte à se laisser influencer, en dépit de l'énergie journalière.

« Sentimental, sincère et tendre.

« Cultivé, société agréable. »

III

Psychométrie d'un jeune savant de 29 ans :

Texte de la lettre qui a servi à cette expérience. 8 juin 1909.

Cher Monsieur,

Excusez-moi d'avoir tant tardé à répondre. J'ai été malade : urticaire, traitement habituel. J'en sors et je vais mieux, mais n'aurais pu, non plus, de mon côté, accepter votre invitation pour jeudi. Comptez donc sur moi vendredi prochain, à l'heure habituelle, c'est-à-dire tard.

La lettre que vous m'envoyez et que je vous rapporterai est très curieuse. Nous en reparlerons longuement.

Bien cordialement votre,

(Pas de signature.)

« Tout à fait intelligent, fin, subtil et loyal. Ecriture très sympathique, fin d'esprit, de conversation, culture supérieure.

« Esprit subtil, mais grande droiture de caractère. Homme un peu froid, réservé, se livre peu; on ne sait pas comment on doit lui faire plaisir; il faut le connaître un certain temps pour s'en rendre compte.

« Volonté très soutenue, très tendue même; ambitieux (mais avec ordre); sait qu'il doit réussir; vie ordonnée, confiance en soi; commence à acquérir une situation bien supérieure à ce qu'il avait antérieurement. Tout se fait avec calme, car on a besoin de le connaître un certain temps pour l'apprécier.

« Est peut-être sentimental, à la condition que cela ne dérange pas sa vie, car il se méfie beaucoup des passions. Se connaît très tendre et a peur de se laisser aller à son sentiment naturel en s'emballant et de compromettre ainsi la sécurité de son avenir.

« Pour résumer : nature spontanée et sensible, qui s'efforce de dominer tous ses élans pour demeurer maître de lui-même et voir clair dans ses actes.

« Vie très intéressante; travaille, fait du bien autour de lui avec simplicité; très actif, grande fierté intérieure, qui le rend susceptible (mais simple de manières).

« Très délicat de santé, nerveux.

« Très bon pour sa famille.

« A fait sa volonté lui-même.

2

« Voies digestives délicates, mais il vivra; l'essentiel est qu'il réussisse, c'est ce qui le préoccupe le plus, (mais il veut réussir honnêtement, car ce n'est pas un arriviste); ce qui ne l'empêche pas d'agir avec tact et subtilement.

« Généreux et assez désintéressé; son ambition porte sur autre chose que sur l'argent.

« Vivra, se mariera.

« Est âgé d'environ 30 ans.

« Joli sourire, mais si froid d'apparence qu'il est nécessaire de le connaître un certain temps. *C'est la dominante de sa nature.* Reçoit beaucoup de monde. (Est en relations avec beaucoup de monde). »

IV

Psychométrie d'une fillette de 9 ans.

Texte de la lettre qui a servi à cette expérience.
du 19/7/09.

Cher Monsieur,

J'ai été bien contente de recevoir mes petits singes nègres pour ma collection; à la rentrée maman va m'acheter une petite vitrine ancienne pour les mettre.

Je vous remercie beaucoup et vous envoye un petit bonjour.

Firo.

« Très sympathique, loyale par éducation et par atavisme, mais la malice même.

« Fine, observe les gens, sait tirer parti d'un charme qui est en elle, sait enjôler les gens avec une certaine naïveté qui est de son âge et une certaine malice au-dessus de son âge.

« Plus fine que crédule (en tenant compte de son âge, bien entendu), elle a un joli sentiment de l'observation; intelligence très développée déjà. Elle réfléchit, et les étourderies qu'elle commet sont des étourderies d'enfant, mais disparaîtront avec l'âge.

« Grand désir de s'appliquer et de se cultiver; amusante, douce de caractère avec un certain entêtement; gâtée dans sa famille, ce qui lui donne quelquefois un certain autoritarisme et n'aime pas à être contrariée, un peu d'orgueil peut-être.

« Se développera comme intelligence, mais comptera beaucoup sur ses dons naturels et ne travaillera que d'une façon inégale et sans se fatiguer; honnête, mais fine et ne se racontant pas, conservant ses impressions pour elle, avec un petit air de supériorité. Gourmande, aime qu'on s'occupe d'elle. Déjà coquette, coquetterie innée; assez susceptible quand on la met de côté pour s'occuper des autres.

« Beaucoup d'imagination; et il peut lui arriver de déguiser la vérité par excès d'imagination; elle embellit les histoires pour se rendre plus intéressante; pas très mécontente de montrer sa supériorité à ses petites camarades; généreuse à condition qu'on ne lui demande pas d'abandonner ses petites habitudes.

Sera très aimée, adorera plaire. Elle a de grands élans de cœur, mais inconsciemment se cache en elle un désir d'attirer les personnes par sa bonté.

Sera jolie, déjà très fraîche avec beaucoup d'éclat, teint clair avec cheveux qui moussent, elle rougit facilement parce qu'elle a le sang très près de la peau, mais c'est une fausse timide.

« Elle sera jolie après une crise d'âge qui la déformera. Elle sera un peu grosse, mais elle s'amincira vers les 18 ans. Son intelligence, en ce moment au-dessus de la normale, ne sera peut-être plus aussi vive plus tard.

« Aimera la musique; pourra être une bonne musicienne si elle le veut.

« Inspirera des passions. ». . . . .

. . . .

Les descriptions de l'être physique sont chez Mme F. très brèves (et d'ailleurs exactes). C'est une touche de plus dans un portrait, un détail, pour fixer la ressemblance, et rien de plus.

Voici des exemples :

Expérience du 3/4/09 :

« Pas française, mais latine; souple, brune, beaux yeux, physionomie très agréable. »

Expérience du 14/4/09 :

« Beaucoup d'éclat, attitude de reine, très élégante. »

Expérience de 14/6/09 :

« Joli sourire, mais froid d'apparence. »

Expérience du 23/7/09 :

« Sera jolie, très fraîche avec beaucoup d'éclat, teint clair avec cheveux qui moussent; elle rougit facilement parce qu'elle a le sang très près de la peau, mais c'est une fausse timide. »

Si le portrait physique est très peu développé chez Mme F. psychomètre « intellectuel, » le diagnostic pathologique ne l'est guère davantage, mais souvent très précis et très intéressant.

En voici des exemples :

« Personne spleenétique, délicate du ventre; aurait besoin de rester couchée et de ne pas s'agiter. »

Autre :

« Est arthritique, mais vivra longtemps, nombreux

rhumes, mais n'y fait pas attention, travaille quand même. »

Autre :

« N'a pas beaucoup de santé, mal portante au moment de la dernière lettre, épuisée et pas très active, un peu molle, pas capable de travailler utilement. »

Autre :

« Très délicat de santé, nerveux, voies digestives délicates. »

Autre :

« Anémiée, systèn.e nerveux usé, estomac fatigué, crises d'arthritisme. »

Autre :

« Pas bien portante, très fatiguée, s'use énormément, circulation difficile, troubles à craindre soit dans les reins, soit dans le ventre. »

Autre :

« Nerveuse, délicate du côté du ventre, grand spleen en ce moment. »

Autre :

« Arthritisme et voies digestives fatiguées. »

Ces exemples que nous pourrions multiplier témoignent que même les psychomètres intellectuels ne sont pas dénués de toute sensibilité pour le côté matériel de la vie.

En ce qui concerne particulièrement Mme F., ils témoignent également que les résultats obtenus par elle dépassent de beaucoup, — à ce seul point de vue, qui est le plus contrôlable de tous — et que nous avons d'ailleurs contrôlé, — ce que peut donner *la grapholo-gie pure*.

Nous devons ajouter que si l'aspect physique des personnes, cité dans la première série de nos exemples, nous était généralement connu, il était loin d'en être de même pour les différentes *diathèses* ou maladies indiquées dans la 2ᵉ série d'exemples.

Le lecteur aura peut être remarqué dans la 2ᵉ série de nos exemples ces mots qui impliquent un *pronostic :* « est arthritique, mais vivra longtemps. »

Ce genre de pronostic, bien qu'il paraisse hasardé et parfois fâcheux à dire, — lorsqu'il est en sens contraire, — n'est point rare chez Mme F.

En voici d'autres exemples :

« Ne vivra pas longtemps, a aujourd'hui environ 30 ans, une crise d'âge l'emportera. »

Autre.

« Ne vivra pas très vieille.

Autre :

« Trouble passager, se guérira. »

Autre :

« Pas jeune, pas bien portant, ne vivra plus bien longtemps. »

Autre :

« Vivra, se mariera. »

Autre :

« Fin assez prématurée, dangers d'accident ou de mort violente. »

Autre :

« Ne vivra pas longtemps quoique l'apparence actuelle soit bonne. »

Autre :

« A l'air d'une petite santé, mais elle est solide, elle vivra. »

Mais quelle que soit la valeur de ces pronostics, on croit devoir les rapprocher d'une expérience fort curieuse faite le 26/6/09 sur une lettre du 19/11/01, signée d'une personne dont on n'a plus de nouvelles depuis 7 ans environ :

« Paraît morte, je la vois partie (morte) morte assez tristement ; pas fortunée ; morte avec beaucoup de douleurs. »

Il semble donc que la psychomètre, une fois la relation établie entre elle et l'auteur de la lettre, se trouve en communication avec la personne en question et cela aussi bien dans sa vie passée que dans sa vie future ; lorsque cette vie passée a été tranchée par la mort, elle s'en apercevrait et aurait même connaissance des circonstances de cette mort.

Nous avons hâte de revenir à un côté moins lugubre de ces expériences avec Mme F. considérée comme type du psychomètre intellectuel.

En général, les « visions d'avenir » sont aussi discrètes et peu développées que les indications matérielles (description de la personne, de son état de santé). Cependant, on a déjà vu, dans les expériences citées *in extenso*, quelques curieuses prédictions. Nous en avons noté un assez grand nombre dont plusieurs se sont déjà réalisées. Ce côté des expériences est le moins facilement contrôlable de tous, puisqu'il nécessiterait parfois des années d'attente pour faire les vérifications nécessaires.

Nous ne citerons donc que quelques exemples afin de faire comprendre la forme exacte de cette *sensibilité psychométrique.*

« La personne qui l'aime s'éloignera et elle retombera dans ses ennuis. »

Autre :

« Donnera une grande extension à sa situation, quittera Paris. »

Autre :

« Le mari qu'elle attend, elle le trompera assez tôt pour le perdre. »

Autre :

« Ils ont failli se brouiller, ils se brouilleront, ils se sépareront et c'est elle qui en aura assez la première. »

Autre :

« Par cet enfant elle aura des joies, bien que ce soit une responsabilité considérable dans sa vie à beaucoup de points de vue. »

Nous devons à la vérité de dire qu'étant donné la forme essentiellement logique des déductions psychologiques de Mme F., les pronostics apparaissent généralement comme la conséquence rigoureuse de ses appréciations et s'imposent avec une grande vraisemblance.

Mais dans bien des cas, nous avons noté que pour les personnes que nous connaissions peu ou prou, les pronostics étaient tout autres que nous les aurions désirés pour elles, en sorte que — à supposer une communication psychique entre le psychomètre et nous — les consultations n'étaient nullement faites pour nous plaire, et ceci peut avoir son importance aux yeux de ceux qui pensent que les psychomètres font tout ce qu'il faut pour amadouer leur clientèle.

Nous consacrons un chapitre à l'importante question de la *Notion du Temps et de l'Avenir* chez les psychomètres.

Nous ne ferons ici, à propos de Mme F., que cette simple remarque (à propos de l'idée de Temps).

Il nous a été donné de revenir à des expériences différentes relatives à la même personne, à onze jours d'intervalle, et la consultation, en quelque sorte complémentaire, qui a été faite la 2e fois par la psychomètre, a bien eu pour résultat général de confirmer et de préciser la première. Mais il y a eu, sur certains points, comme une « transposition » dans le Temps, en sorte qu'elle a vu au présent (à la 2e expérience) ce qu'elle avait indiqué dans l'avenir (à la 1re expérience) et cela même d'une manière un peu dubitative.

Cette objection fut faite d'ailleurs à Mme F. après la consultation (nous avons pris pour règle de ne jamais l'interrompre), à quoi elle répondit : « Dans l'Invisible on ne voit pas le Temps, le Temps n'existe pas. »

Cette question étant une des plus importantes au point de vue philosophique que puisse soulever notre enquête nous y reviendrons à la fin de ce volume avec tous les développements qu'elle mérite.

Pour le moment, nous constaterons que c'est le *Présent* et le *Passé* qui tiennent de beaucoup la plus grande place dans les consultations de Mme F.

Est-ce à dire que ces consultations n'ont pas d'intérêt pratique? Non certes, car n'est-il pas merveilleux de pouvoir ainsi pénétrer dans les cerveaux et dans les cœurs de ses contemporains et de ses contemporaines et d'y faire des découvertes qui peuvent être sujettes à des vérifications ultérieures, mais qui défient généralement la critique dans la proportion des 8/10es, des 9/10es sinon des 10/10es.

Voici un exemple de l'utilité pratique :

Une dame désirait se renseigner sur la valeur morale d'une étrangère qui venait de fort loin lui faire des démonstrations d'amitié.

Voici un extrait de la réponse sur cette personne inconnue entièrement de l'expérimentateur, qui a reçu récemment de la dame intéressée cette précieuse confirmation :

« Tout ce qu'elle (la psychomètre) a décrit se manifeste peu à peu. »

Extrait de la consultation sur inconnue dont la vérité se manifeste peu à peu :

« Cette femme adore qu'on lui fasse des confidences; est apte à en tirer parti pour elle-même, très contente de rendre un léger service pour avoir le droit d'en demander un plus grand ensuite, et, quand, par malheur, on la met trop dans son intimité, on le regrette toujours, car elle agit avec un grand sans-gêne et une grande indiscrétion. Quand on se brouille avec cette femme elle peut devenir dangereuse. »

A côté de cette utilité pratique incontestable, les indications sur le *Passé* ou sur le *Présent* ont pour nous un très haut intérêt philosophique. La facilité de les contrôler permet en effet de vérifier les visions à distance; après quoi, il reste à les expliquer. C'est ici que notre tâche devient plus ardue. Toutefois, si nous n'espérons pas donner une solution complète et définitive, nous pouvons analyser, au point de vue critique, les résultats obtenus de manière à jeter au moins une lueur sur les côtés obscurs de ce captivant problème.

Nous croyons que les quelques lacunes, *très rares* d'ailleurs, relevées dans ces nombreuses consultations, nous serviront mieux pour cette étude que les très nombreuses vérités qui y sont révélées.

N'est-ce pas souvent une altération physiologique qui découvre au biologiste le fonctionnement d'un organe vivant?

Voici un fait recueilli dans l'expérience du 14/1/09. (Il s'agit d'une personne qui a tenté de se suicider.)

Une tentative de suicide peut se décomposer logique en trois phases :

1° Le drame dont elle est la conséquence,

2° La tentative de suicide elle-même;

3° La maladie grave qui a été la suite de la blessure.

Or, nulle part, dans l'expérience du 14/1, la psychomètre ne dit simplement : « Cette personne a voulu se suicider; » mais les trois phases de la tentative de suicide y sont successivement indiquées.

« 1° Il y a eu un événement dramatique dans son existence.... 2° Je vois une espèce de suicide autour d'elle.... 3° Elle a failli mourir il y a trois 3 ou 4 ans (exactement 5 ans.) »

Ici donc, on observe la psychomètre en plein travail de recherche. Elle sent un fait marquant dans la vie d'une personne; elle se rapproche peu à peu de la vérité en exprimant successivement tous les détails du fait; elle opère un peu à la manière d'un chercheur, d'un archéologue par exemple, qui reconstituerait pièce par pièce et découvrirait l'un après l'autre trois tronçons d'une statue; ou encore comme un joueur de *puzzle* (le jeu à la mode cette année), qui rapprocherait les divers morceaux de son jeu de patience pour arriver à en former un dessin.

On sent donc dans toute sa sincérité la recherche de la vérité, l'effort cérébral de la psychomètre pour donner une expression analytique à une intuition synthétique mais confuse qu'elle perçoit *en gros* mais qu'elle ne peut exprimer *qu'en détail*.

Autre exemple :

Il s'agit cette fois d'un homme qui s'est suicidé en entraînant dans la mort une enfant qui vivait auprès de lui; — l'expérience a été faite le 8/11 avec une lettre du 7 août, antérieure de quelque temps à ce suicide compliqué d'homicide.

La psychomètre nous dit :

« A porté la déveine dans son entourage.... A eu ou aura des choses graves, presque tragiques dans son entourage.... Ne vivra peut-être pas bien longtemps. »

Ici la psychomètre flaire également un événement tragique et sent que cet événement tragique atteint l'entourage de l'objet de l'expérience; elle sent également que sa mort est prochaine (au moment de la lettre); mais ces trois images :

1° Malheur causé à l'entourage;

2° Événement tragique dans l'entourage;

3° Mort prochaine;

sont encore juxtaposées au lieu d'être réunies en une image unique et définitive qui serait celle-ci : homicide suivi de suicide.

Tel un bon limier, l'esprit de la psychomètre s'élance sur la piste et à chaque pas s'approche plus près du gîte où se terre l'objet cherché; il y a comme une sorte d'enquête qui, cette fois-ci encore, se fait sous nos yeux et décèle un côté de ce curieux mécanisme psychique. (Ici nous ignorions tout de l'auteur de la lettre dont le *curriculum vitæ* ne nous a été lu qu'après l'expérience; la lettre ne faisait d'ailleurs allusion à rien de tragique. C'était une lettre d'amour aussi tendre que possible.)

Voyons maintenant si d'autres particularités ou lacunes dans d'autres expériences jetteront quelque lumière sur les conditions matérielles de cette enquête, de cette recherche psychométrique que nous venons de voir à l'œuvre.

A la fin d'avril, nous avons prié M. Warcollier ingénieur chimiste, notre collaborateur de l'an dernier dans d'autres études, de vouloir bien nous procurer des lettres de personnes totalement inconnues de nous, afin d'éviter plus sûrement toute lecture de pensée. Ce qui fut dit fut fait. Une psychologie, fort curieusement fouillée, fut obtenue avec deux lettres (ou fractions de lettres) écrites en italien et adressées de Naples à un Parisien aussi distingué que philosophe éminent.

A dire d'expert, ce tableau psychologique du 26/1/09 fut trouvé fort intéressant et ressemblant dans ses grandes lignes, mais ressemblant à qui ? Non certes au Napolitain auteur de la lettre, mais au Parisien qui l'avait reçue et gardée par devers lui pendant plusieurs mois.

Nous ne voudrions pas poser ici une hypothèse au moins prématurée, ni prononcer un mot vide de sens ; mais enfin tout s'est passé dans cette expérience comme si quelque chose de matériel, un certain « fluide » s'attachait aux lettres que nous écrivons, puis aux lettres que nous possédons, en sorte que dans le second cas, le « fluide » de l'écrivain pourrait être masqué par le fluide du détenteur (en l'espèce celui du Napolitain par celui du Parisien).

Autre exemple :

Nous avons eu avec Mme F. une seconde et dernière substitution de ce genre aboutissant en somme à une erreur de direction, mais une erreur féconde en aperçus philosophiques et même en résultats pratiques. Voici comment :

Instruit par l'expérience du 26/1, nous avons pris plus de précautions que jamais pour *isoler* au préalable les objets soumis aux expériences. Non content de placer les lettres sous double ou triple enveloppe et de prendre soin de les porter sur nous le moins possible, nous avons recommandé à ceux de nos correspondants qui désireraient une « consultation » d'isoler eux-mêmes les lettres en question dès qu'ils les recevraient jusqu'au jour de l'expérience. Sans doute cette dernière précaution fut-elle, à notre insu, négligée dans l'expérience du 26/10/09 et voici ce qu'elle donna : (une lettre avait été envoyée de Saint-Jean-de-Luz le 30/9 à une dame habitant Paris. Cette lettre n'avait rien de féminin dans l'écriture ; si la psychomètre l'avait un tant soit peu lue, cette lettre écrite dans une langue étrangère, mais facile à comprendre par nos compatriotes du midi, lui aurait immédiatement révélé une origine masculine.) Or, dès la première ligne de la consultation : « C'est une femme charmante. » La description psychologique très longue (10 pages de bloc-notes) très intéressante, très fouillée, *très exacte d'ailleurs pour la destinataire*, s'applique à cette destinataire et accessoirement à une question qui intéresse l'envoyeur, mais en tant que cette question intéresse aussi la destinataire. En un mot, c'est une des consultations les plus parfaites que nous ayons obtenues de cette psychomètre ; mais il y a erreur de direction absolue et là encore, comme dans l'exemple précédent, ce que nous demanderons la permission d'appeler le « fluide » (sans préjuger en rien sa nature) paraît avoir imprégné la lettre pendant son séjour chez la destinataire, soit *près d'un mois*, et avoir absolument masqué le fluide de l'expéditeur.

Si cela démontre, en passant, l'une des lacunes des enquêtes psychométriques, cela nous paraît surtout devoir être retenu pour arriver à élucider le rôle de l'objet matériel dans ce genre de recherches. Ce serait comme un transmetteur, un condensateur de sensations.

Nous avons contrôlé une partie des « consultations » de Mme F. en représentant les mêmes lettres à plus ou moins long intervalle à une autre psychomètre parisienne, Mme L¹ F.

Mme L¹ F. est un type extrêmement remarquable, d'une sensibilité mixte, c'est-à-dire presque autant matérielle qu'intellectuelle. En outre, sa manière de procéder est assez distincte de celle de Mme F. Mme L¹ F. préfère ne pas regarder les lettres qu'on lui apporte, par crainte, dit-elle, de se suggestionner. Elle a l'habitude de plier les lettres en quatre et de les placer immédiatement sur son front en les tenant avec la main pendant toute la durée de l'expérience. Rien ne paraît donc pouvoir être plus discret. Nous ajouterons que jusqu'à nos expériences, paraît-il, Mme L¹ F. n'avait opéré que sur des lettres; nous l'avons *entraînée* à opérer peu à peu avec d'autres objets : photographies, fleurs, vêtements, objets mobiliers ayant touché la personne qui servait d'objet d'expérience. Sauf dans deux cas, Mme L¹ F est restée dans un état de veille, qui est d'ailleurs assez distinct de l'état de veille de Mme F. La concentration de la pensée y est plus apparente ou tout au moins les traits de Mme L¹ F. prennent une expression plus fixe et à la fois plus lointaine, et quand l'effort a été fait, la détente est aussi plus visible et se traduit assez souvent par une légère secousse nerveuse dans les mains. Mme L¹ F. est d'ailleurs capable de se mettre elle-même, par des procédés fort simples, en un état de somnanbulisme profond, où ses consultations continuent à conserver les mêmes caractéristiques, sauf une tendance plus marquée à voir l'avenir, ou tout au moins à penser au futur.

Ceci étant donné, on a refait avec Mme L¹ F. une partie des expériences faites avec Mme F.; et cela à titre de contrôle : sur 5 expériences, il y en a 3 où les deux psychomètres se sont entièrement rencontrées, chacune confirmant l'autre dans toutes les lignes générales et même dans un certain nombre de détails; mais chacune avec son tempérament propre et avec la caractéristique de sa sensibilité.

Prenons, par exemple, l'expérience du 23/7/09 sur

une lettre d'enfant de 9 ans. Mme F. consacrait à l'analyse psychologique (passé, présent, avenir) 57 lignes de
format écolier et 12 lignes seulement à la description
matérielle et à la santé de l'enfant; total 69 lignes.
Mme L⁹ F., le 26/7, n'a fourni que 21 lignes de notes,
dont quelques-unes seulement consacrées à l'analyse
psychologique de l'enfant elle-même; mais à côté de
cette analyse un peu brève et sèche, il y a, conformément à l'habitude de Mme L⁹ F., des notations infiniment curieuses de la personne physique, de l'habitation
et la description physique et morale des personnes qui
vivent (ou qui vivront) avec l'enfant.

Mais, comme nous l'avons déjà dit, pour les rares
lacunes des expériences de Mme F., ce sont encore les
discordances qui sont les plus instructives.

Ainsi, on a refait chez Mme L⁹ F. l'expérience du
26/10/09 chez Mme F. (celle qui a donné lieu à une
erreur de direction, la destinataire ayant été décrite au
lieu et place de l'envoyeur) et Mme L⁹ F. le 28/10, soit
2 jours après, a parfaitement décrit l'envoyeur et an-
noncé un fait qui s'est parfaitement produit au bout de
quelques jours.

Nous ne cherchons pas à expliquer comment, sur la
même lettre, Mme F. a pu « voir » la destinataire et
Mme L⁹ F. l'envoyeur, et ceci peut faire douter du
« fluide » matériel ou du moins en rendre la théorie
assez difficile à établir, mais le fait est trop intéressant
pour ne pas être signalé.

Dans l'expérience du 28/7/09 chez Mme L⁹ F., contrô-
lant l'expérience du 23/7/09 chez Mme F., il s'est produit un fait très curieux aussi.

Mme F. avait parfaitement vu et décrit la signataire
de la lettre.

C'est Mme L⁹ F. qui, cette fois-ci, a eu une « erreur
de direction, » mais d'une nature particulière. En effet,

ce n'est pas la destinataire de la lettre qu'elle a décrit, ni aucun détenteur, car cette lettre nous avait été directement remise par la signataire à fin d'expérience.

Il a fallu toute une enquête spéciale pour trouver que les descriptions faites (très nettes et précises au point de vue matériel avec l'indication même de la rue) s'appliquaient à une personne qui avait habité la chambre où la lettre a été écrite et qui s'était même servie, paraît-il, du même porte-plume.

Nous n'avons pas vu dans toutes nos expériences un pareil phénomène deux fois, mais nous le rapprocherons d'une déclaration faite par l'auteur de la lettre. Cette personne est peu lettrée, mais écrit facilement. Or elle a eu, paraît-il, une très grande difficulté à écrire cette lettre et à réunir ses idées. Est-ce que l'influence de l'ancienne occupante de la chambre se serait fait sentir à la signataire de la lettre avant d'être perçue par la psychomètre? Nous ne faisons là qu'un simple rapprochement et pas même une conjecture. C'est un mystère que nous abandonnons à la sagacité des chercheurs.

La description de l'habitation et les notations physiologiques sont étrangement précises chez Mme L⁴ F. Nous y reviendrons dans un autre chapitre, ainsi qu'à ses pronostics, dont plusieurs ont été déjà vérifiés. Nous nous contenterons de noter ce qu'elle nous a dit un jour :

« Bien que je professe depuis peu de temps, on m'a déjà fait remarquer que certains faits n'étaient pas exacts au moment où je les énonçais; les mêmes personnes sont revenues ensuite me dire qu'ils étaient devenus vrais. »

Le fait est que, dans l'expérience du 28/7, Mme L⁴ F. a décrit avec beaucoup de précision de détails un fait qui a été vérifié exact 35 jours après et, dont le 28/7 elle parlait à *l'indicatif présent.*

Mme L⁰ F. nous a donné l'intéressante observation que voici :

Lorsqu'une lettre est banale (quoique la lettre ne soit pas lue, mais simplement placée sur le front), elle donne une impression beaucoup moins facile à recueillir que si elle se rapporte à un sujet intéressant ou passionnant, et alors la psychomètre ne voit pas ce qu'elle appelle « la suite, » c'est-à-dire les conséquences futures ou le passé de la personne. »

Ceci semble bien indiquer qu'il se produirait, sur ou dans la lettre, comme une *extériorisation de sensibilité* que l'organisation délicate de la psychomètre recueillerait ensuite, et qui serait naturellement d'autant plus intense que l'auteur de la lettre serait davantage intéressé ou passionné par ce qu'il écrivait.

En tout cas, Mme L⁰ F. parle et même agit, c'est-à-dire s'exprime par la mimique naturelle, tout comme si elle était en une sorte de *communication physique* avec la personne qui fait l'objet de l'expérience. Si la personne est triste, elle devient triste; si la personne souffre d'un organe, elle paraît ressentir une douleur correspondante dans la région de cet organe.

Nous ne faisons que noter ce phénomène auquel nous reviendrons à propos des psychomètres à sensibilité purement matérielle.

Chez une autre psychomètre que nous n'avons malheureusement abordée que vers la fin de notre enquête, Mme V., nous avons de même constaté cette *mise en communication* (au moins apparente) avec la personne objet de l'expérience.

Chez Mme V. la mise en communication est cherchée pendant un certain temps, puis à partir du moment où la psychomètre nous dit : « Maintenant je suis bien avec elle (ou avec lui), » la consultation commence véritablement.

Mme V. a une telle pénétration qu'avec elle la lecture
de pensée est plus à craindre selon nous qu'avec personne autre ; un mot suffit pour la mettre sur la voie
de toute une suite d'idées dont votre conscience se
doute à peine et qu'elle extrait sans difficulté de *votre cerveau à vous*. Mais à côté des renseignements qu'elle tire
ainsi du propre fond de son interlocuteur, il en est
d'autres fournis sur inconnus, et ensuite vérifiés exacts,
qu'elle découvre certainement par une autre voie que
celle de la lecture de pensée.

Quelle est cette voie? On peut affirmer, en tout cas,
que Mme V. peut employer aussi bien une photographie ou un objet quelconque qu'une lettre (ainsi que le
fait d'ailleurs Mme L. F.).

Quand on la consulte sur soi-même, elle pose sa
main sur la vôtre et elle communique une sorte de secousse nerveuse, qui paraît tenir à l'état quasi somnambulique où elle paraît se plonger elle-même, au moment
où elle entre et où elle sort de cet état ; — ce serait
comme l'indication du passage classique de la catalepsie
au somnambulisme profond mais le touts ous une forme
très atténuée.

Mme V. possèderait ce don de voyante depuis son
plus bas âge, tandis que Mme L. F. n'aurait été reconnue psychomètre par un des plus illustres chirurgiens
de Paris, qu'à une date récente et grâce à la manière
dont elle divaguait sous le chloroforme au cours d'une
opération grave.

Nous croyons devoir ranger ici parmi les psychomètres
intellectuels une femme distinguée qui a acquis, grâce
à de hautes relations littéraires, un renom européen de
chiromancienne. Mme de T. paraît ne se servir des correspondances que comme moyen accessoire de consultation. Elle ne semble véritablement à son aise que lorsqu'elle tient la main du consultant.

Nous n'entrerons pas ici dans l'examen de la chiro-

mancie dont nous parlerons, sous un autre chapitre,
avec les différentes autres *mancies*.

Nous retiendrons seulement que la forme et la por-
tée de l'analyse psychologique donnée par Mme de T.
ne diffère pas essentiellement de celle de Mme F., qui
peut être alternativement, comme nous l'avons dit, chiromancienne et graphologue dans la même expérience,
tout en n'étant, selon nous, que psychomètre ou, si
l'on veut « voyante. »

Quant à la mise en communication par la main, nous
l'avons déjà notée tout à l'heure chez Mme V. qui ne
regarde aucune ligne de ladite main et se contente de
placer la sienne sur la face dorsale (et non palmaire) de
la main du consultant.

Cela n'enlève rien de sa finesse d'analyse, de sa facilité verbale et de sa distinction de manières à l'illustre
chiromancienne. Mais au point de vue des résultats
obtenus, elle rentre absolument, selon nous, dans la
classe des psychomètres à sensibilité « intellectuelle »
et témoigne seulement de la variété des formes exté-
rieures que peut revêtir une même faculté, aussi mystérieuse et non moins passionnante chez elle que chez
ses plus modestes collègues ès-psychométrie.

CHAPITRE IV

Analyse des résultats psychométriques.
Sensibilité matérielle. — Vision matérielle à distance.

Nous classerons dans cette catégorie d'abord les psychomètres à diagnostic médical, ceux du moins comme Mme N., qui se sont spécialisés dans cette forme d'enquête et aussi ceux de nos sujets chez qui la sensibilité paraît surtout matérielle, c'est-à-dire apte à percevoir le côté matériel des choses et des individus.

Mme N. réclame pour opérer soit un objet ayant touché le corps du malade, soit des cheveux fraîchement coupés près de la racine, soit — à la rigueur — des lettres de *la veille*. Elle s'endort en se passant plusieurs fois sur le front un anneau d'or préalablement déposé sur une table. Elle parle et entend, mais ne voit pas, paraît-il ; à la fin de la séance il faut lui remettre dans la main l'anneau d'or qu'elle ne retrouverait pas elle-même et qui sert à la réveiller comme il a servi à l'endormir (par des passes sur le front).

Il faut lui mettre dans la main les objets qui lui servent d'intermédiaire avec le malade. Elle palpe ces objets et de temps en temps ses mains sursautent comme à un contact électrique. Elle dicte le résultat de ses impressions et les conseils qu'elles lui inspirent.

Et maintenant que valent ces impressions et ces conseils ?

Nous ne pouvons contrôler, bien entendu, que les impressions sur le diagnostic en les rapprochant d'autres diagnostics déjà établis avant la consultation de la psychomètre.

Ainsi restreinte, l'expérience n'en est pas moins d'un très haut intérêt philosophique et pratique. Ce fut précisément le diagnostic posé par Mme N. dans la séance du 26/3 qui nous étonna par sa précision et son exactitude et qui fut le point de départ de toute cette vaste enquête sur la psychométrie contemporaine.

Non seulement le siège de la maladie et l'affection même étaient décrits par Mme N., mais aussi les défauts de caractère qui en résultaient pour le patient dont elle n'a jamais vu que le vêtement présenté à la consultation.

A la rigueur, cette expérience sur une malade dont nous connaissions par avance le diagnostic, pourrait s'interpréter par une simple « lecture de pensée. » (A ce titre elle serait d'ailleurs infiniment intéressante.) Mais nous avons eu la bonne fortune de faire précisément avec Mme N. une expérience dont les conditions excluent toute lecture possible de pensée.

Le 30/3 nous avons demandé à l'un de nos amis, un magistrat qui est l'un des premiers philosophes de cette époque, de vouloir bien nous procurer, pour faciliter une expérience *indiscutable*, un objet ayant touché un malade absolument inconnu de nous.

M. M. nous remit le jour même une mèche de cheveux d'environ 10 centimètres de longueur, contenant une cinquantaine de cheveux. La maladie était absolument inconnue de l'expérimentateur; le diagnostic médical était conservé dans un tiroir pour être rapproché du diagnostic de la psychomètre après consultation faite.

On a reçu, après l'expérience, de M. M., dont on connaît l'esprit critique et la haute probité scientifique, un billet ainsi conçu :

« Le diagnostic de votre psychomètre a été des plus exacts. Votre expérience a été des plus curieuses. »

Le jour même de la première expérience, un médium guérisseur, M. P., avait contre-vérifié le premier diagnostic obtenu, et cette concordance méritait déjà d'être retenue.

Mais nous avons trouvé en M. de F. le type le plus complet de ce genre de sensibilité (bien que sa consultation se termine par des notations bien curieuses également sur la personnalité intellectuelle et affective du consultant).

M. de F. n'opère, semble-t-il, qu'en présence du sujet lui-même. Il ne lui pose aucune question, et se contente de faire déganter la main droite du consultant sur laquelle il pose très doucement sa propre main gauche.

Nous l'avons vu opérer ainsi sur un homme d'âge moyen, en parfait état de santé; M. de F. n'en a pas moins passé une revue aussi précise et exacte que possible de toutes les diathèses ataviques ou tendances pathologiques qui pouvaient affecter les organes du consultant.

Toutes les observations faites sur le foie, les reins, le cœur, le cerveau, les intestins, ont été rapprochées de renseignements fournis par le médecin de la famille et reconnus exacts.

L'âge même du décès des aïeux paternel et maternel a été indiqué par M. de F. avec la durée probable de la vie du « patient » calculée par le psychomètre d'après ces renseignements puisés, semble-t-il, dans une « lecture de pensée. » Enfin, M. de F. a passé de ces observations physiques, fort détaillées, à l'étude du caractère et du développement intellectuel et affectif de son interlocuteur.

Aucun examen de la main (à la manière des chiromanciennes, par exemple); simplement le contact de la paume de la main gauche de M. de F. avec la face dorsale de la main droite du visiteur. S'établit-il ainsi une communication nerveuse entre le cerveau du « patient »

et la sensibilité particulièrement aiguë de M. de F.?
D'après une indication manuscrite lue dans le bureau
du psychomètre, il donnerait lui-même, paraît-il, le
nom de *télépathie* à la faculté qu'il possède. Si nous
entendons bien ce mot dans le sens où le prend M. de F.,
cela impliquerait qu'il croit tirer d'une mise en communication avec le système nerveux du consultant toutes
les données de la consultation.

Il y a cependant deux objections qui se présentent à
notre esprit. D'abord la précision médicale de certains
détails qui n'étaient que vaguement connus du patient,
ou tout au moins profondément cachés dans ce qu'on
appelle « la subconscience ; » d'autre part, les indications
d'avenir que M. de F. place à la fin de sa consultation
et qui paraissent en certains points sortir du cadre
des déductions logiques que son esprit pourrait tirer de
l'examen actuel du consultant, ou dont le consultant
n'avait pas le moindre pressentiment.

En tout cas, rien n'est plus intéressant que ce merveilleux développement... mettons *télépathique* encore
que son origine ne nous paraisse pas absolument établie.

Ce qui paraît former un lien entre ce psychomètre et
les précédents, c'est toujours une sorte de « mise en
communication » avec une personne par l'intermédiaire
d'un contact matériel.

Nous avons assez longuement parlé, au chapitre précédent, de Mme L. F. qui est un psychomètre à la fois
matériel et intellectuel. Eh bien! lorsque la communication est établie entre elle et une personne malade, elle
ressent — ou paraît ressentir — ou se figure qu'elle
ressent (on voit combien nous sommes prudent devant
ce phénomène étrange) une douleur assez vive au siège
de la maladie du patient. Successivement, nous l'avons
vue souffrir ainsi de la tête, de l'épaule, du ventre, etc.
Elle éprouve des sensations de fatigue, de sommeil,
d'angoisse!

Enfin il lui est arrivé une fois de mimer, d'une manière douloureusement impressionnante, ce qu'elle prédit devoir être le dénouement fatal de la maladie d'une personne dont elle avait une simple lettre entre les mains.

Mais Mme L. F. ne donne pas un diagnostic détaillé comme les psychomètres dont il vient d'être question. Ce qu'elle paraît percevoir, c'est surtout la douleur causée par la maladie, le siège du mal et ses conséquences sur le caractère du malade; en sens inverse, l'effet pathologique d'une peine de cœur ou d'un chagrin.

Voici des extraits :

« A eu un chagrin; quelque chose qui n'a pas pu se réaliser; cette peine serait la cause de ses palpitations. »

Autre :

« Auparavant était très gaie, maintenant très sombre; douleurs de tête surtout dans l'occiput, au creux de la nuque. »

Mais ce qui frappe surtout, dans le côté matériel du don de Mme L. F., ce sont les descriptions d'une grande exactitude des personnes, des maisons, voire des paysages et cela quel que soit l'objet qui lui serve à établir la *mise en communication*.

Voici, *sur une lettre d'enfant*, la description faite de *la mère* (après un portrait non moins exact de l'enfant) mais nous retenons celui de la mère parce qu'il est obtenu, en quelque sorte, par ricochet.

« La maman : pas très grande, fine, visage très doux, figure ovale, nez assez long, aquilin, cheveux châtain foncé, yeux assez fendus, etc.... »

Autre :

« Le monsieur qui écrit est grand, tempes très découvertes, les cheveux un peu grisonnants, figure allongée. »

Les descriptions des maisons sont encore plus précises si possible, par exemple :

« Elle demeure dans la maison au 2ᵉ, appartement de 4 pièces, sans compter la cuisine ; quatre fenêtres sur le devant, maison d'un blanc frais en montant la rue à gauche. »

N B. — (Il y avait, après vérification faite, une seule erreur : 5 pièces au lieu de 4.)

Autre :

« Une grande maison, mais pas de rapport ; il y a 2 étages ; un petit jardin devant ; la porte se trouve au milieu, une fenêtre de chaque côté ; dans le couloir une porte à gauche et à droite et au-dessus 2 fenêtres et une petite porte encore au-dessus. »

Si l'on songe que ces descriptions se rapportent à des immeubles ou à des pays que la psychomètre n'a jamais vus, on est, à bon droit, curieux de rechercher l'origine d'une telle faculté de vision à distance qui donne des résultats d'une précision aussi inattendue.

On peut admettre que toutes les descriptions de l'espèce peuvent avoir besoin d'être contrôlées, comme nous avons contrôlé nous-même celles qui précèdent, mais, sous cette réserve, il est clair qu'un instrument d'optique de cette puissance peut avoir de multiples et précieuses applications pratiques.

CHAPITRE V

Analyse des résultats psychométriques.
Vision dans le temps.
Psychomètres à sensibilité cinématographique.

C'est surtout en présence de ces « visions dans le Temps » qu'il est bon de se rappeler cette parole de F.-W.-H. Myers, le célèbre philosophe anglais : « Je considère comme une grande vérité que l'esprit humain est essentiellement capable d'éprouver des perceptions plus profondes que les perceptions sensorielles, d'acquérir une connaissance directe de faits dépassant la portée de nos organes différenciés et de nos vues terrestres. »

Cela ne veut pas dire que certaines perceptions sensorielles ne soient pas utiles, — sinon nécessaires, — au psychomètre qui se livre ainsi à des incursions dans le Temps.

Nous avons toujours fourni au psychomètre un objet tangible qu'il ne se faisait pas faute de toucher, palper, porter à son front ou à ses tempes, mais il faut bien reconnaître qu'une fois la « mise en communication » ainsi obtenue avec le détenteur de l'objet, le psycho-mètre, pour parler le langage de Myers « éprouvait des *perceptions plus profondes que les perceptions sensorielles, et acquérait une connaissance de faits dépassant la por-tée de nos organes différenciés.* »

Comment et pourquoi la présence matérielle de l'ob-jet communiqué au psychomètre (bijou de métal, textile, lettre, fleur, photographie, ustensile quelconque, favorise-t-elle l'exercice de ces facultés? C'est ce qu'il est fort difficile de dire.

Dans certains cas, tout au moins, tout se passe *ou paraît se passer* comme si une trace matérielle de nos pensées, de nos sensations, de nos joies et de nos douleurs restait fixée aux objets qui nous sont familiers et que nous touchons journellement. Mais nous sommes loin d'affirmer que cette hypothèse explique tout !

Il nous a été donné de rencontrer le type le plus extraordinaire de *visionnaire dans le temps* en la personne d'un psychomètre non professionnel M. Ph. Cet homme d'une simplicité parfaite, unie à une véritable distinction, opère sans la moindre emphase à l'état de veille et sans laisser apparaître autre chose qu'un certain effort pour concentrer sa pensée. Après chaque expérience, un repos est nécessaire; la plus grande tranquillité doit entourer continuellement le psychomètre.

Les yeux clos ou mi-clos, M. Ph. porte généralement à son front l'objet qui lui est remis; selon la règle rigoureuse que nous nous sommes imposée dans toute cette série d'expériences, aucune conversation ne précède la consultation et, pendant la consultation même, nous ne posons aucune question, nous bornant à prendre des notes sous la dictée.

De prime abord, après avoir palpé l'objet remis, M. Ph. reconnaît si cet objet est, selon son expression, peu ou beaucoup *fluidifié*.

A cet égard, toute prévision préconçue se trouve démentie par les résultats. Le temps écoulé depuis la mort du propriétaire de l'objet, le peu de durée du contact de l'objet avec son détenteur, l'insignifiance même de l'objet, ne sont pas des raisons pour que l'objet ne soit pas qualifié de « fluidifié » pour la psychométrie.

Une fois la « mise en communication » obtenue par

l'intermédiaire du contact de l'objet, M. Ph. décrit un certain nombre de tableaux, de scènes vécues se rapportant à l'objet ou au détenteur de l'objet ou aux lieux dans lesquels l'objet a été déposé.

Ces différentes scènes et ces tableaux se succèdent avec une certaine rapidité, à la manière d'un spectacle cinématographique. C'est surtout pour M. Ph. que nous avons inséré dans le titre de ce chapitre l'expression qui peut paraître bizarre, mais qui rend bien le côté extérieur, apparent, de sa psychométrie : « Sensibilité cinématographique. »

Voici, à titre d'exemple, certains « numéros » d'une série de tableaux inspirés par le contact d'une montre :

« 1° Salle de gymnastique avec trapèze installé. Jeune garçon d'une douzaine d'années. Vient de faire une chute. Une porte s'ouvre et la mère (ou la tante) vient s'assurer qu'il n'est pas gravement blessé (description);

« 2° Sorte de grand magasin; sur la gauche une petite porte (description d'une visite à ce magasin);

« 3° Tribune de courses (description);

« 4° Une pièce d'une maison bourgeoise (description d'une séparation);

« 5° Une forêt de pins (description d'une recherche faite dans cette forêt);

« 6° Cette montre tombe de sa chaîne (description de sa perte et de sa découverte). »

Il y a ainsi 13 numéros dont le plus grand nombre a pu être identifié et qui constituent souvent comme de véritables cinématographies.

Leurs dates se présentent assez généralement dans l'ordre chronologique.

S'il y a certains faits qui touchent, si j'ose dire, à la vie même de l'objet, comme le n° 6 précité, il en est d'autres, le plus grand nombre assurément, où l'objet ne figure en rien, et ne sert que pour la « mise en communication. »

Si, dans un certain nombre de cas, l'expérimentateur était informé des faits, ou d'une partie des faits relatés par M. Ph., il n'en est pas de même pour plusieurs autres expériences où il s'agissait d'existences inconnues à l'expérimentateur, qui a dû se livrer *ensuite* à un patient travail de contrôle. Donc la lecture de pensée n'intervient pas comme condition nécessaire.

La proportion des faits exacts, que des psychologues de Nancy avaient déjà évaluée ainsi en notre présence, est au moins des 8/10ᵉ, avec M. Ph., dans les conditions où nous avons opéré; d'ailleurs l'exactitude photographique ne s'invente pas.

Le temps ne fait rien à l'affaire; avec M. Ph., un objet de 70 ans de date a été psychométré en notre présence avec un réel succès.

La nature de l'objet ne paraît pas avoir non plus d'importance: toutefois M. Ph. nous a déclaré qu'il avait quelquefois retrouvé, dans l'écrin d'un objet en métal or, le « fluide » qu'il ne retrouvait plus sur l'objet. Il y aurait là une analogie avec la conductibilité des métaux pour certains agents physiques (chaleur, électricité), et à la non-conductibilité des tissus à l'égard de ces mêmes forces naturelles.

Une expérience a été faite avec le minimum de moyens matériels de communication. Qu'on en juge :

On a découpé une page blanche dans une lettre datant de 13 ans (reçue de Monaco en 1896).

On a cependant obtenu deux tableaux exacts.

(M. Ph. a, paraît-il, fourni, pour des dates bien plus lointaines, des renseignements à des archéologues célèbres; mais nous ne parlons ici que des faits observés par nous-même).

En général, les personnes vues sont vues, comme les choses, surtout *du dehors*. Cependant nous avons noté un certain nombre d'impressions *intimes* d'ordre psychologique ou pathologique et d'une vérité frappante.

Exemple :

« Sentiment d'angoisse, douleurs du côté du cœur. »

Autre :

« Dans le côté gauche du ventre, douleur aiguë, quelque chose du côté des organes de la femme. »

Autre :

« Mariage manqué ou affection impossible à atteindre ; en aurait souffert assez longtemps et assez vivement. »

La description psychologique s'y rencontre aussi parfois, développée à la façon de Mme F. Mais elle est, chez M. Ph., beaucoup plus rare et ne constitue pas la caractéristique de sa sensibilité.

Voici cependant un exemple (d'une vérité scrupuleuse) :

« Sensation de projets poursuivis vainement sans les avoir atteints ; personne s'étant donné beaucoup de mal sans recueillir le fruit de ses efforts. Cela est dû aussi en partie à ce qu'elle est très changeante, le but est poursuivi d'une manière inconséquente ; plusieurs à la fois ; manque de fermeté et de persévérance morale ; plutôt bonne que volontaire ; son intelligence trouve des difficultés à comprendre certaines choses parce qu'elle a beaucoup de peine à fixer son attention. Je vois en elle des peurs nerveuses, des peurs dans des rêves, ou dans une chambre quand elle est seule, impressionnabilité nerveuse, tendance à la médiumnité. »

Certaines des notations psychiques se rapportent à l'objet lui-même (si cet objet porte sa date avec lui) et ont pu être contrôlées sans effort.

A propos d'une rose :

« Quelle angoisse! que de noir! sentiment de tristesse extraordinaire au moment où cette fleur a été portée dans une situation ambiguë et triste. »

Nous reviendrons dans d'autres chapitres sur deux points curieux des expériences de M. Ph. : le symbolisme qu'il emploie quelquefois et certaines « transpositions » de temps.

Pour donner une idée d'une consultation complète, nous transcrivons notre expérience du 13/6/09 sur une bourse de femme, conservée dans un tiroir d'armoire jusqu'en décembre 1903, date du décès de sa propriétaire, et depuis lors enfermée avec des objets étrangers dans un autre endroit.

(L'identification des faits a pu être effectuée d'une manière presque absolue) :

« Sentiments d'*angoisse* (réelle ou imaginaire) grand cœur mais pas de pondération; — douleurs du côté du cœur; — impressions de flammes, d'incendie.

« Scènes s'étant passées devant l'armoire où cette bourse était enfermée :

« Une femme d'un certain âge (35 à 40 ans), s'est évanouie devant cette armoire; — dans cette pièce on voit aussi une scène dramatique ; deux hommes, deux ouvriers, apportent une personne blessée (probablement un militaire), on l'apporte pour la soigner.

« Grand portrait dans la chambre représentant un officier.

« Une porte condamnée dans la chambre, qui n'était pas condamnée auparavant.

« Sensation vague d'une personne disparue après avoir souffert longtemps de la disparition d'une autre. Sensation très profonde et intime.

« En contact avec cet objet, une lettre bordée de deuil commençant par : « Ma chère fille » (*avec des clefs*).

Cette bourse a touché longtemps une personne d'une vie intérieure intense ; — objet très *fluidifié*.

N. B. — La sensibilité de M. Ph. est telle, qu'en entrant dans un appartement, il ressent une angoisse particulière, si cette pièce a été le théâtre d'un événement plus ou moins dramatique, mais inconnu de lui. Peut-être cette sensibilité est-elle partagée, à *un degré moindre*, par un assez grand nombre de personnes et peut-elle servir à expliquer les peurs vagues, les malaises, et même les cauchemars que certains tempéraments sensitifs, particulièrement chez les femmes et les enfants, éprouvent dans certaines demeures, sans motif précis.

CHAPITRE VI

Analyse des résultats psychométriques
Transposition des temps.

L'avenir existe-il?
Le temps a-t-il une réalité objective?

Le philosophe Myers relate dans son beau livre sur la *Personnalité humaine* (traduction Jankelevitch, édition Alcan, page 237) un fait extrêmement curieux, qui nous aidera peut-être à comprendre, ou du moins à admettre, ce qui s'est passé, au point de vue du *Temps*, dans plusieurs de nos expériences.

Nous citerons intégralement F. W. H. Myers :

« Mme Mac Alpine était assise, par une belle journée d'été, sur les bords d'un lac, aux environs de Castle-blaney, en attendant sa sœur qui devait arriver par le train, lorsqu'elle se sentit tout d'un coup prise d'un frisson et d'une raideur dans les jambes, au point qu'elle ne put se lever de sa place et sentit ses regards comme fixés par une force extérieure sur la surface du lac. Elle vit ensuite apparaître un nuage noir, au milieu duquel se trouvait un homme de grande taille, qui tomba dans le lac et disparut. Quelques jours plus tard, elle apprit qu'un certain M. Espy, un homme de grande taille, et qui, d'après la description, portait un costume absolument identique à celui dans lequel le vit Mme Alpine, se noya dans ce lac et cela quelques jours après que cette dame eut la vision de son suicide. Il paraît que M. Espy avait depuis longtemps conçu l'idée de se suicider en se noyant dans le lac de Castleblaney (Rapport de la commission des hallucinations in Proceedings S. P. R. X., page 332). Le récit du suicide a paru dans *Northern Standard* le 6 juillet 1889. »

A côté de cette vision dramatique d'un événement futur, nous allons prendre dans nos propres expériences un type de *transposition* de temps, beaucoup moins impressionnant par le sujet dont il s'agit, mais également suggestif au point de vue de la notion philosophique de l'idée de *Temps*.

Ces cas de transposition ne sont pas rares chez nos psychomètres, mais nous choisissons celui-ci parce qu'il est l'un des plus simples et des plus précis :

Le 31/7/09, nous avons remis à Mme Lⁱ F., alors en état de somnambulisme, un objet ayant appartenu à une dame dont nous connaissions la présence à Londres. Voici un extrait des dires de la psychomètre :

« Cette personne est à la campagne dans les montagnes, elle est en train de marcher, elle est dans un petit sentier, elle rit (superficiellement) mais le fond de son cœur n'est pas gai. J'entends une dame qui voudrait lui dire « Bichette » (elle l'appelle toujours ainsi), et lui demander pourquoi elle soupire de temps en temps. La dame qui l'appelle « Bichette » n'est pas très grande et assez forte, française, bonne figure large, âgée de 40 ans environ. »

Nous avons contrôlé, non sans peine, les renseignements ci-dessus. Inexacts au moment de l'expérience, 31/7/09, ils se sont trouvés exacts dans les premiers jours de septembre, soit 35 jours après. La précision des descriptions, y compris l'appellation familière, ont permis l'identification de la scène ainsi décrite au *présent*, alors qu'elle concernait un *futur* assez proche.

Nous retrouverions d'autres transpositions de ce genre chez Mme L' F. qui nous a d'ailleurs déclaré ceci :

Bien que j'exerce depuis peu de temps, il m'est déjà arrivé que des personnes sont revenues me dire : ce que vous avez décrit n'était pas exact au moment même, mais s'est vérifié deux mois après. »

Chez Mme F., ordinairement très sobre de pronostics, il y a cependant aussi des « transpositions » de temps.

Par exemple, deux expériences ayant été faites chez Mme F. le 3/4 et le 14/4 avec la même personne pour objet, elle voit le 3/4 au futur ce qu'elle aperçoit le 14/4 comme réalisé et décrit au « participe passé ». Or rien ne s'était passé entre ces deux dates.

Chez M. Ph. on a noté la même interversion des temps.

Dans les expériences du 17/6/09 ; il a vu au passé des choses du futur.

Du reste, il suffit de pratiquer, très peu de temps, l'étude de la psychométrie pour reconnaître, selon l'expression de notre illustre maître et ami, M. J. Maxwell, que la *notion du temps est très floue.*

Nous serions tentés d'aller plus loin et de dire que *Kant* avait sans doute raison de considérer *le Temps* comme une simple catégorie de la Raison pure.

Nous n'oserions en dire autant pour l'espace, car toutes les descriptions relatives à l'espace sont généralement très précises dans toutes nos expériences. (L'orientation des lieux, des lieux même éloignés, est indiquée, notamment par Mme L' F., du *fond* de sa chambre et d'une manière très nette.)

Au contraire le *passé*, le *présent* et le *futur* ont l'air de ne former qu'*un seul et même temps*, comme si l'esprit humain, dans cet état spécial, participait à l'ubiquité dans le Temps que les théologies attribuent à l'Esprit suprême.

Quoi qu'il en soit de ces considérations philosophiques, on peut tirer de l'ensemble de ces faits une conclusion *éminemment pratique :*

Les personnes à qui le public, (et un public, semble-t-il, toujours plus nombreux), va demander la connaissance de l'avenir, ne savent pas, ne *sentent* pas ce que c'est que l'avenir. Elles ne le distinguent pas des autres temps du verbe. Par conséquent il leur arrive bien d'être prophètes, mais prophètes « sans le savoir. »

Lorsqu'un psychomètre *bien doué, honnête et véridique,* vous aura indiqué une série de faits A, B, et C, si le fait A appartient au passé, et le fait B au présent, il y aura de très grandes chances pour que le fait C appartienne à l'avenir, (quel que soit le temps du verbe employé pour décrire ce fait C.)

Voilà pour nous un des résultats les plus évidents de cette enquête, et nous ne saurions trop y insister parce que nous savons que nous allons à l'encontre, non pas d'*un* mais de *deux* grands préjugés : le *préjugé vulgaire* et le *préjugé scientifique,* qui paraissent, tout en se tournant le dos, s'éloigner également de la vérité.

Le *préjugé vulgaire* croit à la bonne aventure et à la divination de l'avenir. Il a tort, en un sens, puisque, pour les natures privilégiées qui ont, *plus souvent que la moyenne des hommes,* la vision de l'avenir, cet avenir ne leur apparaît pas toujours comme étant un avenir, mais souvent un présent, sinon un passé.

· Le *préjugé scientifique,* au contraire, nie de parti pris toute intuition d'avenir. Or, nous venons de voir que la matérialité de la prévision de l'avenir, la description exacte du fait à venir, ne nous paraît ni très rare, ni très difficile à obtenir avec un psychomètre bien doué, exercé et honnête; mais qu'il faut prendre les plus grandes précautions quand il s'agit de *situer* dans le temps l'indication ou la description donnée. Il ne faut, surtout, pas demander à ce genre de sensibilité l'indication d'une date précise, ni se baser sur ces prévisions en vue d'une échéance fixe.

Cela n'empêche pas que le psychomètre n'ait parfois une sensation visuelle très vive d'un chiffre ou d'une date, mais nous verrons plus tard que cette indication pourrait n'être que « symbolique » ce qui lui enlèverait beaucoup de sa valeur pratique.

Il ne faut donc demander à la psychométrie que ce qu'elle peut donner : des indications sujettes à contrôle, mais c'est déjà beaucoup, car ces indications, il serait souvent impossible de les obtenir autrement.

Si le champ de la psychométrie est vaste, il a pourtant ses limites; n'oublions pas que dans toutes nos expériences, le psychomètre a toujours eu une base matérielle, un point de repère, constitué par un objet émanant de la personne visée, objet servant à établir la « mise en communication. »

Sans décider si cet objet est absolument nécessaire, nous croyons pouvoir affirmer, du consentement de tous les psychomètres que nous avons pu voir, qu'il est en tout cas fort utile et presque indispensable.

Donc c'est folie de demander aux psychomètres, comme le font les journalistes à chaque saison, notamment à la chute des feuilles et à la floraison des calendriers, ce qu'ils pensent de la naissance d'un roi de Hollande ou de la mort d'un grand-duc de Russie, ou encore de tel cataclysme physique, politique ou commercial!

Il manque, en ce cas, au psychomètre, pour asseoir sa consultation, la condition, primordiale de l'expérience : l'objet ayant touché la personne en cause, s'il s'agit d'une personne déterminée, la reine de Hollande ou le grand-duc de Russie.

Et si la consultation porte sur un phénomène abstrait, ou d'ordre collectif, alors l'impuissance de la psychométrie nous paraît encore plus radicale, car le moyen matériel de « mise en communication » fera nécessairement défaut.

La limitation de la psychométrie, de son cercle d'action, aux seuls cas personnels dans lesquels on peut trouver un objet permettant la « mise en communication » ne nous empêche pas de reconnaître qu'il se pose néanmoins devant l'esprit du chercheur, de très hauts problèmes philosophiques.

Nous avons effleuré, en passant, la question de la réalité objective de la notion du *Temps;* mais il y a encore bien d'autres questions que pose la connaissance de l'avenir, même à titre d'intuition accidentelle et parcellaire. En particulier comment concilier les faits avec la théorie du libre arbitre? et de la responsabilité morale?

Nous sortirions des bornes de notre modeste enquête en pénétrant plus avant dans le domaine de la métaphysique, mais nous tenons à dire que le plus simple fait de *télépathie* (et Dieu sait s'il y en a de rigoureusement établis!) pose aussi des questions « redoutables. »

Et il est précisément rare que les personnes sujettes à la *télépathie* n'éprouvent pas aussi des pressentiments; le lecteur nous pardonnera sans doute de reproduire une interview d'une des femmes qui ont le plus brillamment incarné le génie artistique de cette époque.

Le rêve de Sarah.

(Consultée par un rédacteur des *Annales* sur la « Psychologie du Rêve, » Sarah Bernhardt lui a fait de curieuses confidences).

« Je me trouvais en Amérique au cours d'une longue traversée. Je rêvai que mon fils, resté à Paris, venait d'être victime d'un accident, et qu'il avait été mordu par un chien enragé.... Mes rêves sont d'une précision terrible; les figures, les péripéties s'y détachent avec autant de netteté que dans la vie réelle. Au réveil, mon inquiétude fut extrême. Je télégraphiai pour savoir..., chose folle, n'est-ce pas? mais toutes les mères comprendront cette angoisse insensée! — pour savoir si mon fils ne courait pas quelque danger. La réponse ne se fit pas attendre : mon rêve, point par point, se trouvait exact! il avait dû se produire à peu près au même moment que l'accident. Heureusement, on me donnait de bonnes nouvelles : les vêtements que portait mon fils l'avaient tout à fait préservé des horribles conséquences de la morsure. Aucune complication n'était à redouter. Je me répétais : « Rien de grave! Rien de grave! » désormais rassurée, mais cependant impuissante à surmonter l'effroi causé par cette répétition de rêves réalisés.

« Pour tous ceux qui me sont chers, j'ai eu ainsi de véritables presciences, tantôt douloureuses, tantôt favorables, toujours émouvantes. Vous comprenez, maintenant, la raison de l'espèce de crainte superstitieuse que j'éprouve devant l'inconnu psychologique. L'Oriental dit :

« — C'était écrit!

« Pourtant il ne sait pas ce qui est écrit. Son fatalisme bénéficie de l'ignorance où il demeure de son propre destin. Mais figurez-vous l'angoisse, l'effarement « Hugovien » qu'on éprouve, si des circonstances particulières vous permettent de feuilleter — d'avance — le livre mystérieux de l'avenir? Au moment où je rêve, l'action rêvée s'accomplit.... Et la révélation des événements me laisse impuissante à les modifier; toute mon énergie reste inutile; je me cabre, je résiste, je veux lutter : à quoi bon? Ce qui doit arriver à l'heure dite, comme on chante dans *Faust*. Mais, moi, je ne pense pas alors à d'ingénieux rapprochements littéraires, car les événements se produisent juste à l'heure où ma volonté tendue cherche à réagir contre la fatalité! »

Il est infiniment probable que Mme Sarah Bernhardt eût été — si elle eût voulu — une *psychomètre* « di primo cartello. » Le génie ne serait, d'après Myers que le développement des facultés subconscientes auxquelles appartient la psychométrie elle-même.

CHAPITRE VII

Analyse des résultats psychométriques.
Symbolisme de certaines visions.
Hallucinations visuelles et auditions à distance.
Analogie avec le symbolisme des messages
télépathiques.

Au milieu de telle description matérielle ou de telle analyse psychologique tracée de main de maître par un psychomètre avec une précision absolue, nous sommes frappés de voir apparaître une image à forme de métaphore poétique, qui se présente comme une sorte d'hallucination visuelle. Le sujet en parle d'ailleurs comme d'une véritable vision.

Voici quelques exemples que nous pourrions multiplier aisément :

(Expérience du 17/6/09 avec M. Ph.) :

« Je vois une boule de feu glissant sur la neige qui se fond partout où elle passe, et ensuite des fleurs qui naissent. »

(Expérience du 20/12/09 avec Mme V.) :

« Je vois le passé très noir comme une montagne désséchée sans arbre. »

(Expérience du 31/7/09 avec Mme L⁵ F.) en état de somnambulisme) :

« Dans quelque temps un nuage clair se produira. Je vois un nuage clair. »

Ce langage peut faire sourire et rappeler fâcheusement celui des oracles de l'antiquité et le fameux style sibyllin, ainsi nommé de la fameuse prophétesse de Cumes, dans la vieille Italie.

Mais il ne faut généralement qu'un peu de patience ou, au besoin, une invitation de préciser, pour que le psychomètre donne lui-même une traduction de sa pensée.

Il n'en est pas moins fort intéressant de constater comment cette pensée se présente d'abord à lui sous la forme d'une véritable sensation matérielle *de vision*, et avec la même force que toute autre vision matérielle — bien que cette vision soit purement symbolique.

Faut-il conclure à une hallucination pure? — Non, puisque le psychomètre ne tarde pas à se rendre compte de lui-même que sa vision n'est qu'un *symbole* et à en donner la traduction *en langage clair*, avec plus ou moins d'effort.

Que se passe-t-il donc dans l'esprit du psychomètre, de ce même sujet qui parle assez généralement en style familier, tout à fait terre à terre, sans aucune prétention poétique et sans plus d'images que le commun des mortels?

Cela paraît tenir à une loi générale des perceptions subconscientes.

Il semble que les impressions parviennent au psychomètre sous une forme *synthétique* et concrète, et soient parfois d'une analyse difficile.

Cette synthèse de toutes les impressions, (intellectuelles, sentimentales ou physiques) se manifeste d'abord dans la première rencontre du psychomètre avec l'objet.

Ainsi chez Mme F., (nous l'avons déjà noté), la sympathie ou l'antipathie immédiate, dès la « mise en communication, » vient de la sensation confuse et profonde qu'elle a, de prime abord, de l'ensemble du sujet considéré, (l'analyse ne vient qu'après); mais, dès la première ligne, la perception générale du caractère s'affirme d'une manière frappante.

Exemples :

Les deux expériences du 8/11 commencent ainsi :
« 1° Comme je me méfierais de cet homme-là! »
« 2° Femme très sympathique. »

Chez Mme V. l'antipathie immédiate va jusqu'à une sorte de répulsion physique.

Chez Mme L. F. la première impression est aussi une impression d'ensemble, une impression tenant de sa sensibilité qui est à la fois intellectuelle et matérielle.

Lorsque la consultation est en train, on sent également que le psychomètre perçoit une synthèse dont les détails se détachent ensuite les uns après les autres : ainsi nous avons déjà noté au chapitre III (sensitifs intellectuels), que Mme F. sent d'abord confusément un suicide, et le décompose ensuite en trois éléments, ou trois scènes différentes.

Or la synthèse, réunion de plusieurs idées ou de plusieurs sensations en une seule, est difficile à exprimer d'un seul mot, dans un langage aussi précis et aussi analytique que notre langue française. Ce qui correspond le mieux à une impression synthétique, c'est un langage symbolique ou idéographique, et l'imagination du psychomètre élabore immédiatement une vision qui peut nous paraître obscure, mais qui dépeint d'un seul coup l'ensemble d'une situation.

Nous ne croyons donc pas que le langage métaphorique des oracles ou des sibylles soit délibérément adopté par nos psychomètres pour le plaisir de nous intriguer ou pour masquer le vide de leur pensée (le lecteur se rappellera que nous ne leur posons, en principe, *aucune question* et que nous n'en attendons *aucune réponse*, notre seul but étant l'étude philosophique de leur sensibilité).

Non! la forme symbolique doit s'imposer aux psychomètres, dans certains cas, comme le moyen d'expression adéquat à leurs impressions internes, et comme leur psychométrie est un phénomène inconscient, c'est inconsciemment aussi qu'ils emploient le symbole et *le symbole leur fait l'effet d'une véritable vision.*

Ainsi nous arrivons, par un autre chemin, aux mêmes conclusions que Myers, dans *La Personnalité humaine,* p. 242 :

« A chacune des étapes de nos recherches, nous nous heurtons à cette tendance au symbolisme subliminal. Comme exemple de sa forme la plus simple, je citerai ici le cas de cet étudiant en botanique qui, passant distraitement devant l'enseigne d'un restaurant, crut y lire ces mots : *Verbascum Thapsus.* Or, le mot qui y était imprimé réellement était : *Bouillon ;* et le mot *Bouillon* constitue la désignation française vulgaire de la plante *Verbascum Thapsus.* Il s'est produit ici une transformation subliminale de la perception actuelle et les mots *Verbascum Thapsus* ont été le message envoyé au moi supraliminal distrait par le moi subliminal plus occupé de botanique que d'un diner. »

Et plus loin, page 243, Myers résume ainsi ses conclusions qui sont bien voisines des nôtres :

« Or, nous autres adultes, nous adoptons à l'égard du symbolisme subliminal la même attitude que l'enfant garde vis-à-vis de notre symbolisme optique perfectionné. De même que l'enfant ne saisit pas la troisième dimension, de même nous ne saisissons pas la quatrième dimension, ou quelle que soit la loi de cette connaissance supérieure qui apporte à l'homme, par fragments, ce que ses sens ordinaires sont incapables de discerner. »

D'ailleurs, le symbolisme inconscient (Myers dirait subliminal) que nous rencontrons chez nos psychomètres n'est pas seulement *visuel*, il est aussi *auditif*.

Certaines de nos expériences contiennent ainsi des passages où le psychomètre entend parler une personne, et qui peuvent bien être autant de symboles auditifs.

Par exemple, chez Mme L⁰ F. (expérience du 31/7/09). « J'entends une dame qui voudrait lui dire : Bichette, etc.... » Ce que la psychomètre paraît sentir en ce moment-là, c'est que deux dames étant en rapports amicaux, et l'une appelant l'autre familièrement « Bichette » (ce qui a été reconnu exact depuis), la première a le désir de demander à la seconde de lui faire des confidences sur la cause d'un chagrin caché. Voilà comment vous et moi expliquerions la chose, si elle nous était connue directement, ou par ouï-dire.

La psychomètre, elle, ne connaît la chose ni directement, ni par ouï-dire; elle en a la perception par une voie inconnue, et cela constitue sa supériorité évidente sur nous; mais, en même temps, cela fait qu'au lieu de voir la chose distinctement et d'employer pour la dire 7 ou 8 lignes de phrases analytiques, elle emploie une image auditive symbolique : « J'entends une dame, etc.... »

Dans une autre expérience, une autre psychomètre, voulant indiquer qu'une mère allait se remarier pour donner un second père à sa fille, s'exprimait ainsi :

« Je l'entends qui dit à sa fille : ma fille, tu auras maintenant un papa comme les autres petites filles. »

On voit combien il faut d'attention et de sens philosophique et critique pour interpréter certaines psychométries lorsqu'elles prennent, par hasard, l'expression symbolique, soit sous la forme d'une hallucination visuelle, soit sous la forme d'une hallucination auditive.

Il faut rechercher à quel moment commence ou s'arrête le symbole, à quel moment finit ou reprend le langage vulgaire et réaliste.

Mais ceci n'est pas spécial à la psychométrie et aux psychomètres. — Nul de nous ne peut affirmer qu'il n'a jamais eu et surtout qu'il n'aura jamais de *message télépathique;* or les messages télépathiques emploient assez fréquemment la forme symbolique qui semble commune à toutes les manifestations subconscientes (comme à la poésie, à la peinture, à la musique).

Voici deux exemples que nous empruntons au beau livre de notre maître et ami, M. J. Maxwell, intitulé : *Les phénomènes psychiques,* p. 188, édition Alcan :

« Un de mes grands oncles avait épousé à la Martinique une femme de couleur. Cette dame, d'une très grande honorabilité, fut victime du préjugé tenace des familles blanches créoles, et le mariage de mon grand-oncle fut mal vu de sa famille. Il quitta Saint-Pierre et vint habiter Bordeaux. Sa femme fut atteinte d'aliénation mentale; elle avait des accès de fureur dangereux, mais l'union entre mon grand-oncle et sa femme était trop étroite et leur affection réciproque trop vive, pour que mon parent consentît à se séparer de sa femme et à la faire soigner dans une maison de santé. Il fut victime de son dévouement. Sa femme le tua dans un accès de fièvre chaude. Une de mes grand'tantes habitant Paris, sœur du mort, fut éveillée au milieu de la nuit par la voix de son frère qui l'appelait. Cette hallucination coïncidait avec la mort de mon grand-oncle. »

Ceci est un exemple de *symbolisme auditif;* voici maintenant un exemple de *symbolisme visuel,* plus fréquent dans nos expériences, et que M. Maxwell « *Les Phénomènes psychiques,* » p. 189 de l'édition Alcan, emprunte également à des souvenirs de sa famille :

« Une amie intime de ma mère, créole, habitant Bordeaux, avait assisté à l'embarquement d'une famille de la Martinique qui rentrait à Saint-Pierre. Quelque temps après, elle vit en songe un navire qui sombrait : la poupe du vaisseau s'éleva au-dessus des flots, et elle put y lire le nom du bateau; c'était celui sur lequel ses amis s'étaient embarqués. Ce navire s'est perdu corps et biens. »

Il ne faut donc pas dédaigner de parti pris les indications de la psychométrie lorsqu'elles sont *symboliques.* Il faut seulement se donner la peine d'interpréter le symbole!

CHAPITRE VIII

Analyse des résultats psychométriques.
Douleurs pathologiques à distance.

Non moins intéressantes que le symbolisme visuel ou auditif sont les sensations *pathologiques* des psychomètres.

En voici quelques exemples pris entre beaucoup d'autres :

Mme L⁴ F. (expérience du 31/7/09) :

« Cette personne a souvent mal à la tête; » la psychomètre ressent un mal à la tête.

Mme L⁴ F. (expérience du 2/8/09 :

« C'est une dame qui toussait, oppressée à la poitrine; » la psychomètre ressent comme une angoisse à la poitrine.

Mme L⁴ F. (expérience du 4/10/09) :

« Douleurs de tête, surtout dans l'occiput, au creux de la nuque; aurait besoin de soins tout de suite, cela lui donne des idées noires. » Ce disant, la psychomètre a porté sa main à la nuque, en déclarant qu'elle y ressentait une assez vive douleur !

De même, par sympathie, elle se sent très nerveuse quand on la met en communication, par l'intermédiaire d'un objet, avec des personnes un peu « agitées; » elle se sent, au contraire, des tendances au sommeil quand

5

il y a, à l'autre bout du fil, si l'on me passe cette image, une personne atteinte de somnolence, etc.

Même « sympathie » à des degrés divers chez les autres psychomètres.

Nous ne citerons plus que M. Ph. qui, lui, n'est pas un « professionnel » :

M. Ph. (expérience du 17/6/09) :

« Sensation dans le côté gauche du ventre d'une douleur aiguë; » le psychomètre porte sa main à l'endroit indiqué, *et cela est d'autant plus remarquable qu'il manque, en qualité de psychomètre mâle, de l'organe correspondant au siège de la douleur qu'il paraît ressentir!*

Cette expérience, d'un intérêt tout particulier, nous semble établir la forme de cette communication de douleur à travers l'espace, — (à plus de 600 kilomètres de distance parfois, comme d'Arcachon à Paris).

Malgré la localisation de la douleur, qui semble affecter le psychomètre, il nous paraît probable qu'il n'y a pas de douleur « sympathique » dans l'organe, mais une simple impression du cerveau, suivie d'une sorte d'hallucination sensorielle, comme dans le symbolisme *visuel* ou *auditif.*

Seulement, ici, la perception prend la forme d'une sensation tactile externe ou interne, d'une sensation pathologique; mais elle reste, comme dans les cas de symbolisme proprement dits, la première manifestation de la communication avec le malade éloigné. Le psychomètre éprouve *d'abord* la sensation de douleur, avant de faire l'analyse du siège de la maladie et de la maladie elle-même. Tout se passe donc comme pour les cas de vision ou d'audition.

Et pourtant! il reste quelque chose de réel de ces communications pathologiques à distance. Nous aurions quelque peine à l'admettre si nous ne l'avions pas ressenti nous-même en nous associant à l'une de nos psychomètres dans une curieuse expérience qui a été publiée au numéro de décembre 1909 des *Annales des Sciences psychiques* (Paris, 6, rue Saulnier).

Bien qu'il ne s'agisse pas, à proprement parler, de psychométrie, puisque l'objet intermédiaire faisait défaut, et que la communication était obtenue par de tout autres moyens, nous croyons devoir mettre sous les yeux du lecteur la plus grande partie du compte rendu. (*Annales des Sciences psychiques*, pages 368-369, décembre 1909.)

Voici le fait en deux mots :

« Je ne suis pas encore très certain que par les tables frappantes (pourquoi dit-on toujours tournantes?), on puisse se mettre en communication avec les âmes des morts; mais je suis désormais certain qu'on peut se mettre en communication avec l'épaule d'un vivant.

« Je ne cherchais pas, bien entendu, ce résultat, mais j'y ai été conduit par le hasard.

« Au cours d'une longue enquête sur la « psychométrie, » dont les résultats seront publiés cet hiver, j'ai été amené à demander à l'un des « sujets » si elle ne s'était pas entraînée à d'autres sortes d'expériences? Elle me répondit qu'elle avait cherché à obtenir des « communications » par la table. D'où une première tentative pour vérifier le fait, en me conformant, bien entendu, aux conditions exigées par le sujet : penser à une personne décédée, etc.

« Après l'expérience faite, il me parut naturel de poser à la psychomètre cette simple question :

« *Moi.* — Pourquoi ne m'avoir pas fait penser tout uniment à une personne vivante? N'avez-vous pas cherché à entrer en communication par ce moyen?

« *La Psychomètre.* — Quelquefois, mais il faut prendre des précautions par crainte d'accidents.

« *Moi*. — Quels accidents?

« *La Psychomètre*. — Accidents d'automobiles ou autres, si la personne « évoquée » se trouvait dans la rue, car elle s'endormirait vraisemblablement et pourrait tomber sous une voiture.

« Si étrange que cela pût me paraître, je résolus d'essayer, en prenant pour collaborateur involontaire (et non prévenu), un fonctionnaire sujet à des pressentiments, qui ont fait l'objet d'un rapport aux *Annales psychiques*, et dont le tempérament spécial permettait de supposer chez lui une tendance à la médiumnité.

« Je le priai de vouloir bien, le 5 août 1909, se tenir tranquillement assis, dans un fauteuil, de 4 heures à 4 h. 1/2 de l'après-midi, et de concentrer son attention sur le nom d'une ville belge à choisir par lui dans un guide Conty, mais inconnue de moi et de la psychomètre.

Cela fait, je me tins à 4 heures précises chez la psychomètre, c'est-à-dire à trois kilomètres au nord-est du bureau occupé par M. F., et je commençai à placer les mains sur la table (table carrée du poids de 12 kilogrammes environ), en face des mains de cette dame, en pensant fortement à la figure caractéristique de M. F. (on avait prié celui-ci d'orienter son fauteuil vers le nord-est).

« Les conventions d'usage pour régler le mode de correspondance furent faites en parlant à la table, comme la psychomètre l'avait indiqué lors de l'expérience précédente. Voici ensuite quelles furent les questions : (Voir les *Annales des Sciences psychiques*, décembre 1909).

« Pendant que la table continuait à frapper les lettres de l'alphabet, la psychomètre s'écria tout à coup :

« — Ce monsieur doit avoir un tic nerveux du côté droit.

« *Moi*. — A quoi le voyez-vous?

« *La Psychomètre.* — Je sens une douleur du côté droit !

« *Moi.* — A qui le dites-vous? Si je n'avais craint d'interrompre l'expérience, je voulais vous déclarer depuis un moment que je ressens une assez forte douleur depuis l'épaule droite jusqu'au coude !

« *La Psychomètre.* — Chez moi elle va jusqu'au poignet !

« *Moi.* — Est-ce que ceci vous est arrivé quelquefois dans d'autres expériences?

« *La Psychomètre.* — Oui ! lorsque la personne en communication a une douleur correspondante !

A 4 h. 25, cinq minutes avant le délai fixé à M. F., je me remis à parler à la table, selon le conseil de la psychomètre.

« *Moi.* — Monsieur F., si vous êtes endormi, vous pouvez vous réveiller, l'expérience est terminée. »

Puis je me hâtai de rejoindre le bureau de M. F. pour vérifier, *avant tout*, s'il souffrait réellement du côté droit.

« Dès mon entrée dans le bureau voisin, j'interrogeai Mlle P., dactylographe, à ce sujet.

Mlle P. me répondit que M. F. en arrivant au bureau s'était plaint d'une forte douleur à l'épaule droite.

« Puis j'interrogeai le secrétaire général dont relève M. F., et qui ne l'avait pas quitté de 4 heures à 4 h. 1/2.

Voici ce qui s'était passé à l'autre bout du fil — si l'on peut ainsi parler de cette expérience de télépathie — sans fil :

A 4 h. 10, M. F. qui ne dort jamais le jour et très difficilement la nuit, avait commencé à éprouver des bâillements incoercibles et à ressentir « comme un bandeau » sur les yeux. A 4 h. 15 il dormait profondément, la tête retombant sur sa poitrine. A 4 h. 25, au moment où on prévint la table que l'expérience allait cesser, M. F. eut des transes, des sortes de secousses, qui inquiétèrent assez les assistants pour que le secrétaire général pensât à faire appel à un collègue, ancien pharmacien, afin de donner les soins nécessaires.

« Toute la soirée, M. F. eut les yeux « pris de sommeil » comme si le rideau, signalé par lui au début, avait persisté; mais il était débarrassé de la douleur dans l'épaule; cette douleur, il nous l'avait communiquée à trois kilomètres de distance, et je l'avais encore le lendemain en quittant Paris pour la Belgique. »

On comprendra mieux maintenant une pratique au moins singulière que nous avons notée chez plusieurs psychomètres, lorsqu'ils ont opéré sur un objet appartenant, ou ayant appartenu, à une personne *malade*, ou dont l'état nerveux leur a laissé simplement une sensation désagréable.

Les psychomètres ont alors l'habitude de se secouer comme un chat mouillé, ou du moins de pratiquer sur eux-mêmes des sortes de passes, surtout sur le bras ou sur la main qui a tenu l'objet; quelques-uns vont plus loin, et soufflent sur ledit bras ou sur ladite main afin, dans leur pensée, de mieux écarter l'influence mauvaise que le contact a pu leur transmettre.

Nous avouons que nous avions souri devant ces usages bizarres dont nous ne concevions pas l'utilité.

Nous sommes peut-être moins sceptique aujourd'hui après l'expérience ci-dessus qui a abouti à la communication d'une douleur qui nous est bel et bien restée pendant 24 heures!

Que le lecteur veuille bien essayer, avant de se prononcer sur ce cas intéressant!

Il est juste de reconnaître que les psychomètres ne sont pas seuls à se libérer, par le moyen indiqué, des contagions qu'ils redoutent. Nous avons vu de modestes magnétiseurs de malades, sans aucune prétention à la psychométrie, se livrer aux mêmes précautions. Cela paraissait d'ailleurs plus naturel, parce que les magnétiseurs avaient été en contact direct avec leur sujet, au lieu d'en être séparés par des kilomètres (ou des centaines de kilomètres), de distance.

Mais ne serait-ce pas une nouvelle preuve que la distance n'y fait rien? et que la psychométrie, non moins que la télépathie, est affranchie de la servitude de *l'espace* comme elle paraît ignorer la notion même du *Temps?*

CHAPITRE IX

Analyse des erreurs psychométriques.
Erreurs de sexe.

La psychométrie a ses ombres comme elle a ses lumières. Nous avons déjà vu que ses lacunes sont parfois aussi instructives que ses vérités. C'est que le psychomètre, s'il est honnète est bien doué, se trompe assez peu dans les détails. Les erreurs partielles sont peu de chose auprès de l'abondance des notions exactes et des descriptions précises. Mais lorsqu'un véritable psychomètre se trompe, il se trompe du tout au tout. Avant de parler de ces erreurs totales, *erreurs de direction*, très intéressantes au point de vue philosophique, nous tenons à aborder l'analyse des erreurs par de bien curieuses *erreurs de sexe :*

Est-ce un signe des temps? Faut-il y voir la glorification du féminisme? Toujours est-il que nous ne croyons pas avoir vu une seule fois un homme pris pour une femme, mais nous avons vu plusieurs fois une femme prise pour un homme (du moins dans les débuts d'une expérience).

Nous devons déclarer immédiatement que ces erreurs étaient suggestives par elles-mêmes et qu'elles trouvaient leur excuse, sinon leur justification, dans l'allure masculine de la femme objet de l'expérience.

Exemples :

Nous allons prendre deux exemples chez Mme F.,

qui est cependant l'une des plus sûres de nos psychomètres, et celle qui serait le plus à l'abri des erreurs
que nous étudierons ensuite sous le nom d'erreurs de
direction.

Elle attribue cette sûreté de jugement à son analyse
graphologique (pourtant bien rapide et presque instan-
tanée de quelques lignes seulement). Mais il semble
que, précisément, certaines écritures à tournure masculine contribuent à l'induire en erreur, — provisoire-
ment du moins, — sur le sexe de l'écrivain. Il peut
être utile de faire remarquer que si Mme F. lisait réellement les lettres, les adjectifs ou participes féminins
la prémuniraient contre ces erreurs de sexe, *mais elle
ne lit pas.*

Mme F. (expérience du 23/7/09) :

« Très nerveux, impressionnable, susceptible, se
blesse très vite, il faut ménager sa susceptibilité comme
celle d'un homme du monde.... (Mais c'est une femme !
s'exclame la psychomètre, à qui l'expérimentateur
n'avait absolument rien dit, et elle reprend) :

« Une femme nerveuse, qui a l'air froid, calme, mais
active, active, active, etc.... »

N. B. — Cette femme possède en effet un *caractère
plutôt masculin* et l'erreur a fait beaucoup rire.

Mme F. (expérience du 19/6/09) :

La psychomètre, fatiguée par un refroidissement,
et hors d'état de parler, a écrit cette consultation.

A un certain moment, vers le milieu de la séance,
l'expérimentateur (qui lisait les feuillets au fur et à
mesure de leur rédaction) s'écria : je vais vous dire
quelque chose tout à l'heure. Alors la psychomètre
répondit : « Est-ce que cette lettre ne serait pas d'une
femme? » (*Preuve d'une lecture de pensée,* au moins
probable.)

On ne répondit pas, mais à partir de ce moment, la consultation changea de sexe!

On doit reconnaître que la lettre communiquée était d'une femme *très masculine* et possédant des goûts masculins; mais cependant l'allure de l'écriture était plutôt féminine!

S'il y a une philosophie à tirer de ces erreurs de sexe, c'est que le sensitif *intellectuel*, dont nous avons présenté Mme F. comme le type le plus accompli, voit surtout la tournure du caractère et, si j'ose employer cette expression hardie, « le sexe de l'âme » du sujet considéré. Si elle sent ce qu'on appelle communément une *âme virile*, elle l'attribue tout naturellement à un homme, et c'est précisément parce qu'elle sent avec force ce caractère original de certaines âmes de femme qu'elle commet l'erreur de sexe, *d'ailleurs vite réparée*.

Il n'en serait pas de même chez les psychomètres *matériels*, qui voient le dehors des gens et des choses. Aussi, chez ceux-ci, les erreurs de sexe sont beaucoup plus rares; en tout cas, nous n'en avons pas remarqué.

Chez ceux-ci, ce sont des *erreurs de direction* que nous avons rencontrées, et plus fréquemment que chez Mme F.

CHAPITRE X

Analyse des erreurs psychométriques.
Erreurs de direction.
Les erreurs de direction et la théorie du « fluide. »

Y a-t-il des « affinités électives » pour le « fluide » psychométrique ?

Que sont donc ces *erreurs de direction* qui constituent pour nous la véritable lacune de la psychométrie (de la psychométrie honnête, bien entendu)?

Tout simplement ceci :

Vous apportez une lettre ou un objet de M. A., on vous répond sur M. B. (ou sur Mme B.), ce qui constitue une erreur totale.

Évidemment, cela n'arrive pas très fréquemment; mais enfin cela arrive et nous ne connaissons pas de moyen sûr d'éviter une *erreur de direction*, la meilleure précaution consistant à contrôler un psychomètre par un autre psychomètre et, en outre, à bien isoler l'objet.

Assurément ces erreurs sont détestables au point de vue pratique (et encore donnent-elles quelquefois, par ricochet, des révélations bien curieuses et bien inattendues); mais au point de vue théorique, nous ne saurions assez dire combien elles sont instructives, intéressantes, passionnantes même! Nous ne croyons pas trop nous avancer en déclarant *tout net*, que si jamais on trouve la clef, la loi, la cause de la psychométrie, c'est à l'analyse des erreurs de direction qu'on le devra!

Comment, dira-t-on, cela peut-il se faire? et peut-on d'une vulgaire erreur extraire une vérité?

Ah! c'est que précisément les *erreurs de direction* de la psychométrie ne sont pas de vulgaires erreurs, des racontars quelconque « à côté de la vérité. »

Non, cher lecteur, lorsqu'on vous donne M. B. pour M. A., il y a des raisons autres que le pur hasard ou la fantaisie du psychomètre. Ce sont ces raisons que nous allons essayer d'analyser, en choisissant un certain nombre d'exemples.

Voici d'abord le cas d'*erreur de direction* qui nous paraît le plus simple; c'est celui où le psychomètre, en touchant une lettre, perçoit le destinataire au lieu de percevoir l'auteur de la lettre.

C'est ce qui nous est arrivé le 6/9/09 chez Mme L E.: une lettre avait été adressée le 1/9/09 par une demoiselle habitant Biarritz à un monsieur de Paris. Dès la première ligne, il nous fut évident que pas un mot de la psychomètre ne s'appliquait à la demoiselle; dès la troisième ligne, nous reconnûmes sans peine le monsieur, c'est-à-dire le destinataire; il y avait même, dans la description matérielle de l'habitation du monsieur, des détails d'une telle minutie, qu'il a fallu faire une enquête à domicile pour vérifier, par exemple, la place des casseroles de cuivre dans la cuisine de son logis. Donc excellente consultation et d'une précision extraordinaire *mais sur un autre que l'auteur de la lettre.*

Que s'est-il passé dans ce cas? Si l'on admet au moins à titre provisoire, et pour fixer simplement les idées, l'hypothèse du *fluide* matériel fixé aux objets qui nous entourent et extériorisé par notre système nerveux, il semble que le séjour de la lettre pendant 4 jours chez son destinataire ait suffi à l'imprégner d'un *fluide* nouveau (précisément celui du détenteur).

Autre exemple :

Chez Mme F. (expérience du 26/4/09) :

Afin d'éviter une lecture de pensée possible, l'expérimentateur s'était procuré, — très indirectement, — des lettres italiennes d'un Napolitain totalement inconnu de lui.

On a déjà noté, au chapitre III, le résultat inattendu de cette expérience, mais elle est si curieuse qu'il nous faut bien y revenir. La description psychologique donnée ne pouvait être reconnue, identifiée ou déclarée erronée que par le correspondant parisien du Napolitain inconnu. Or, la réponse de Paris se faisait attendre, attendre — jusqu'au jour où le parfait gentilhomme, qui avait fourni la lettre, s'exécuta, avec une bonne grâce vraiment méritoire, car le portrait aurait pu — et dû — être un peu plus flatté ! On l'avait méchamment décrit, sans dire gare, et même un peu égratigné, non sans lui reconnaître de rares mérites et de très hautes qualités intellectuelles.

Ici, pas de doute possible, moins encore que dans la précédente expérience (où l'expérimentateur connaissait de très près le détenteur) ; le « fluide » du destinataire, qui avait gardé dans ses propres papiers la lettre du Napolitain pendant plusieurs mois, paraît bien avoir imprégné le papier et dissimulé « masqué, » le « fluide » d'origine.

Mais il y a des cas beaucoup plus compliqués. Celui-ci, par exemple, auquel on a déjà fait allusion.

Sur une même lettre envoyée de St-Jean-de-Luz à Paris, Mme F., le 26/10/09, perçoit la destinataire, et deux jours après, Mme L¹ F. reconnaît et décrit parfaitement l'envoyeur.

Or, si le « fluide » de l'envoyeur se trouvait sur la lettre, le 28/10, pour Mme L¹ F., il aurait dû, il devait même certainement s'y trouver *deux jours auparavant*, le 26/10, pour Mme F. Comment a pu s'opérer cette étrange chassé-croisé? On peut supposer qu'il y avait bien deux « fluides » superposés sur la lettre, mais alors pourquoi l'une des psychomètres perçoit-elle celui de l'envoyeur et sa collègue celui de la destinataire?

Et il y a d'autres cas plus étourdissants encore. Nous avons fait déjà allusion à une autre expérience contradictoire, où Mme F., le 23/7, décrit parfaitement l'auteur de la lettre, et le 28/7/09, sur la même lettre, Mme L¹ F. décrit non pas l'envoyeur, non pas même le destinataire, mais une tierce personne qui a précédé l'envoyeur dans son habitation actuelle!

Ici il faut admettre, dans la théorie du « fluide, » qu'un autre « fluide » a persisté pendant plusieurs mois dans une chambre (ou à la rigueur sur un porte-plume), et qu'il a encore été assez fort pour imprégner la lettre au point de masquer à la fois le fluide de l'envoyeur et celui du destinataire!

Et, cela admis, — (par hypothèse bien entendu), il reste encore à expliquer comment il se fait que l'une des psychomètres reconnaisse très bien l'auteur et que l'autre perçoive le fluide d'une tierce personne (cela à quelques jours d'intervalle pendant lesquels la *tierce personne* n'a été, à aucun moment, *en contact avec la lettre*).

Il y a plus, il y a des cas de tierces personnes intervenant où on ne les attendait vraiment guère.

Voici une lettre écrite à l'étranger par un monsieur:

Dans l'expérience du 2/8/09, Mme L¹ F. s'en exprime ainsi:

« Cette lettre a été tenue par une dame. Beaucoup de gens remuent autour de la lettre. Une dame en tout cas est tout proche. Elle est petite, blonde, *et se dessine mieux que le monsieur;* elle est rieuse et gaie. »

Ainsi une tierce personne, qui n'est ni l'envoyeur, ni le destinataire, mais qui est présente au moment où s'écrit la lettre, qui la touche peut-être un moment, c'est cette tierce personne qui imprègne assez la lettre de son propre « fluide » pour que plus tard, à des centaines de lieues de distance, *elle se dessine mieux*, que l'envoyeur ou le destinataire!

Mais si étrange que soit cette constatation, est-ce qu'elle ne porte pas son enseignement? Est-ce qu'elle ne nous met pas sur la voie d'un fait intéressant qu'on peut exprimer ainsi : *la différence dans l'intensité des fluides individuels?*

Certaine personne, en un moment, extérioriserait plus de fluide que telle autre en un long temps; telle cette « petite dame blonde » citée dans l'expérience en question! Les « fluides » individuels doivent être déjà *différents de qualité*, car sans cela, comment les psychomètres les distingueraient-ils les uns des autres (avec toutes les notions, sensations ou sentiments qu'ils leur apportent?)

Ils seraient, en outre, *différents d'intensité*, au point de vue de leur force ou de leur durée.

Continuons à analyser ces *erreurs de direction*. Nous verrons dans une expérience du 20/10/09 que Mme L⁰ F., au début de la consultation, aurait aperçu un homme « mais cet homme n'a fait que passer » et la personne qu'elle a décrite est une dame.

L'auteur de la lettre était bien un homme, mais son « fluide » aura été masqué par un « fluide » plus fort, celui *d'une tierce personne*. Mais alors comment se fait-il qu'il y ait eu sur la même lettre le 29/10/09, une expérience excellente avec Mme F. qui a parfaitement discerné l'envoyeur de la lettre?

Pour la 2ᵉ fois, nous voyons ici nos psychomètres faire en quelque sorte leur choix entre les divers *fils conducteurs de sensibilité* que constituent pour eux les

« fluides » et prendre, l'une le premier, l'autre le deuxième, selon une loi tout à fait inconnue.

Mais cependant ce choix ne peut pas être l'effet du hasard !

Si Mme F., sur une lettre, sent le fluide A, et Mme L⁴ F. le fluide B, c'est que le système nerveux de Mme F. est fait pour être sensible au fluide A, plutôt qu'au fluide B, tandis que le système nerveux de Mme L⁴ F. possède les propriétés inverses. Cela est assez naturel, puisque leur sensibilité générale est assez différente, — *ainsi d'ailleurs que leur origine ethnique* — et que l'une voit seulement le côté intellectuel des personnes, tandis que la seconde perçoit aussi les aspects matériels des choses !

Il y aurait donc trois propriétés distinctes dans un « fluide » psychométrique :

1º Sa *nature individuelle* qui permettrait la différenciation entre M. A, M. B et M. C ;

2º Son *intensité* qui ferait que le fluide de M. A aurait une tendance à neutraliser, à masquer le fluide de M. B ou de M. C ;

3º Une *affinité élective*, s'il nous est permis de reprendre et d'appliquer ici l'expression célèbre du grand Gœthe, cette *affinité élective* exerçant son action pour permettre à Mme F. de choisir sur une lettre le fluide A, qui lui est particulièrement sympathique ou qui est d'accord avec son propre *fluide*, tandis que Mme L⁴ F choisit le fluide B ou le fluide C, *toutes conditions d'intensité étant égales d'ailleurs.*

Nous avons fait, le 4/10, une expérience bien curieuse, à ce point de vue, chez Mme L⁴ F. Nous lui avons apporté une photographie qui comprenait un groupe de trois personnes : une dame, une jeune fille et une enfant.

Mme L⁴ F. a pris cette photographie et l'a placée immédiatement sur son front, à son habitude *et sans la regarder.* Et quand elle est passée à la description des personnages, qu'a-t-elle vu?

Elle a vu :

1° *La dame,* un peu plus tard,

2° *La demoiselle* et ensuite

3° Non pas *l'enfant,* mais un *monsieur* qui était le fiancé de l'une des deux dames et *qui ne figurait pas sur la photographie.*

On voit, en reprenant l'hypothèse du « fluide, » telle que nous venons de la présenter, ce qui a dû se passer :

Le *fluide* le plus fort ou celui qui a le plus *d'affinité* avec Mme L. F. a été perçu le premier, ensuite le second par ordre *d'intensité* ou *d'affinité.*

Quant au fluide de l'enfant, il a été neutralisé comme étant probablement le plus faible des trois, et remplacé par celui *d'une tierce personne* qui tenait une grande place dans la vie de l'une des deux dames, et qui la préoccupait beaucoup en ce moment, en outre, qui avait pu toucher la photographie.

Ici *l'affinité* et *l'intensité* se font donc sentir d'une manière manifeste ainsi que le rôle des tiers intervenants, qui complique singulièrement certaines psychométries.

Nous signalerons, en passant, qu'une des choses les plus étranges de la psychométrie, c'est la question de savoir comment une photographie peut emmagasiner le fluide de personnes qui souvent ne l'ont pas touchée, par le fait seul qu'elle reproduit leur image.

Il y a bien là-dessus des théories subtiles que nous avons entendues de la bouche de M. Ph. et que nous trouvons aussi résumées dans une note du beau livre du Colonel de Rochas *L'Extériorisation de la sensibilité,* édition Chacornac, 1909, p. 117 :

« Entre le corps qui se place devant l'objectif et la
« plaque sensibilisée, il s'établirait un courant enlevant
« à l'être, comme dans une opération galvanoplastique,
« d'innombrables particules de sa propre matière, de

6

« sa substance, de sa vie. » (Cette note est emprunt-
tée par M. de Rochas à un ouvrage de pure imagination signé Lermina, mais, en ces matières, où tout est
encore inconnu, ou du moins bien peu connu, elle
nous a paru intéressante, comme elle l'avait paru avant
nous au colonel de Rochas).

Quoi qu'il en soit des photographies, il nous suffit
de savoir, en ce moment, qu'elles se comportent, au
point de vue des *fluides* comme les lettres ou les objets
qui ont été en contact avec le corps d'une personne.

On y retrouve les trois éléments que nous avons essayé de démêler, grâce aux *erreurs de direction*, dans
les autres objets d'expérience, à commencer par les
affinités électives.

Nous ne saurions trop y insister; ce sont — presque
toujours — les anomalies des lois physiques ou naturelles qui ont fait découvrir d'autres lois physiques ou
naturelles.

Ce qu'on prenait à l'origine pour une erreur de calcul dans l'orbite d'une planète a conduit Leverrier
à la découverte, par le seul calcul, d'une planète nouvelle. De même, si l'on veut se donner la peine
d'étudier la psychométrie, ce sera par ses irrégula-
rités, même par ses bizarreries, en apparence décon-
certantes, qu'on arrivera à tenir les fils invisibles,
mais pourtant si forts :

Les fils mystérieux où nos cœurs sont liés;

selon le beau vers de Victor Hugo dans les *Tristesses
d'Olympio!*

A tous ceux qui, sans admettre encore la réalité de
la psychométrie, sont bien obligés de reconnaître
l'existence de la *télépathie*, nous signalerons que notre
hypothèse des *affinités électives* explique également
pourquoi les *messages télépathiques* se communiquent

entre ceux qui s'aiment, à l'exclusion *plus ou moins complète* des indifférents. La nature réaliserait ainsi une sorte de *syntonisation*, d'accord, entre l'organisme trans-metteur et l'organisme récepteur, *syntonisation* ana-logue à celle que M. Branly recherche en ce moment pour la téléphonie sans fil!

CHAPITRE XI

Analyse des moyens. — Graphologie et « voyance. »

La *graphologie* a une bien meilleure presse que la *psychométrie*. Elle paraît reposer sur une base plus solide. Plusieurs fois, dans un salon, il nous est arrivé de l'entendre vanter par des personnes qui considèrent la *psychométrie* comme un reste de la barbarie des vieux âges, digne tout au plus des contes de nourrice!

Nous n'avons pas été sans subir l'influence de ce *préjugé* (car c'en est un!) Mais nous en sommes revenu.

En effet, l'expérience nous a démontré :

1° Que la graphologie pure (analyse de l'écriture, pleins et déliés), a des limites très étroites au point de vue des résultats pratiques;

2° Que, si les lettres sont un merveilleux instrument pour la recherche psychométrique, elles ne fournissent guère moins de révélations au psychomètre *qui ne les lit pas*, et qui se contente de les placer, pliées en quatre sur son front, qu'au psychomètre *qui les lit*;

3° Que la prétendue graphologie de certains graphologues n'est donc qu'une forme de la *voyance psychométrique*;

4° Que lesdits graphologues, s'ils dépassent les limites de l'analyse banale des formes graphiques, sont des *psychomètres sans le savoir!* et que la graphologie ne peut que leur apporter certains points de repère d'un intérêt secondaire.

Nous avons déjà indiqué comment Mme F., prise comme type du « sensitif intellectuel » dans notre chapitre III, faisait l'analyse de quelques lignes de la lettre et se croyait sincèrement graphologue, mais sans affirmer cependant que toutes les indications de ses consultations provenaient de l'analyse graphique. Ce serait d'ailleurs impossible pour nombre de données relatives à l'état physique, au passé de la personne, à son avenir, etc., qui sortent manifestement du domaine de la graphologie.

D'ailleurs, il y a des lettres que Mme F. regarde à peine, et se contente, pour ainsi dire, de toucher, de palper, comme telle de ses collègues toucherait un mouchoir ayant été également en communication avec la personne objet de l'expérience.

Il y a plus! Mme F. peut commencer une consultation par le simple examen d'une main, et la continuer par l'examen de l'écriture, sans qu'on remarque une différence sensible entre les résultats des deux procédés, avec *une simple nuance* en faveur de l'écriture, nuance explicable sans doute par une plus longue habitude de ce procédé.

Enfin, nous avons fait une observation sur les lettres servant aux expériences avec Mme F.

Les lettres qui sont écrites pour les besoins de la cause, » c'est à dire qui ont été remises à l'expérimentateur par des personnes qui demandaient une consultation sur elles-mêmes, et qui les avaient composées exprès de 2 ou 3 banalités, donnent généralement moins de résultats que les lettres écrites spontanément, avec énergie, avec feu, avec émotion, dans une circonstance grave ou passionnante de la vie.

Pourquoi? Parce que, dans le second cas, le *fluide*, (si fluide il y a) est extériorisé par l'écrivain avec une intensité plus grande. A ce point de vue, il en est de la lettre comme de *tout autre objet* ayant appro-

ché une personne d'une vie intérieure intense et, par
conséquent, très *fluidifié*, au dire des psychomètres qui
n'opèrent pas sur des correspondances.

Tout au contraire, au point de vue de la graphologie pure, une lettre écrite dans des conditions
exceptionnelles d'émotion ou d'agitation ne devrait
être qu'un mauvais instrument d'enquête, parce
qu'elle s'écarte des formes habituelles reflétant le
caractère normal de l'écrivain.

CHAPITRE XII

Analyse des moyens. — Chiromancie et « voyance. »

Nous venons de voir, au chapitre précédent, la chiromancie s'allier chez Mme F. à la voyance graphologique, tout en étant pour elle un procédé accessoire.

Au contraire, chez la célèbre Mme de T., c'est la chiromancie qui passe au premier rang, et la voyance graphologique au deuxième, mais les deux procédés coexistent également.

Est-ce que cette alliance des deux procédés rivaux et cette substitution, cette interversion des rôles, ne vous paraît pas, lecteur, porter en elle-même son enseignement?

Est-ce que l'on n'a pas déjà le sentiment de deux formes presque équivalentes d'une même faculté, exigeant, chez Mme F., comme chez Mme de T., un don antérieur et supérieur aux deux procédés employés, une sensibilité particulière qui emploie tantôt l'un, tantôt l'autre moyen de *mise en communication*, avec un simple avantage pour le procédé le plus familier à chacune de ces psychomètres?

Sans observer la main, M. de F. comme Mme de T. la maintient avec la sienne propre, en sorte qu'il y a *communication par contact* avec le consultant.

Mais alors, à quoi sert l'analyse des lignes de la paume? alors que M. de F. obtient des résultats aussi complets, sans regarder la face interne, ni aucune ligne, *par le seul contact* de sa main avec la face dorsale de celle du consultant?

Bien entendu, nous ne songeons pas à nier que certaines données anthropologiques, fournies par l'examen des formes de la main, ne puissent constituer des points de repère accessoires, dans une analyse psychométrique, mais le parallèle que nous venons d'établir entre Mme F., Mme de T. et M. de F. nous paraît démontrer amplement qu'une seule chose importe, c'est la *mise en communication*, tantôt par la main, tantôt par l'écriture, étant donné qu'on a affaire à un « psychomètre, » c'est à dire à un sensitif doué d'une sensibilité spéciale.

Aussi, lorsque la célèbre chiromancienne, au lieu de se borner à des « psychométries » à base matérielle, abandonne ce terrain, relativement solide, pour celui des prophéties de politique nationale ou internationale, elle reste exposée à toutes les incertitudes, à tous les risques d'erreur que la femme la plus distinguée, la plus intelligente et l'esprit le plus averti ne peut manquer de rencontrer dans cette voie périlleuse! En effet, — que le psychomètre s'intitule graphologue ou chiromancien, — il y a une chose qui lui est toujours nécessaire, c'est un objet matériel, établissant la *mise en communication* avec le sujet de la consultation! Mais cela ne permet pas de faire un almanach!

CHAPITRE XIII

Analyse des moyens.

Ce qu'il faut penser des différents procédés de « man-cies » (autres que la graphologie et la chiromancie) : cartomancie, rhabdomancie, etc., etc.

A la page 77 de son très curieux almanach de 1910, Mme de Thèbes établit le *tableau des moyens de divi-nation.*

Sauf erreur ou omission, comme disent les compta-bles et les notaires, nous en avons compté 61, dont quelques noms bien amusants. Par exemple :

L'*omonomancie,* divination *par les épaules des prêtres,*

L'*ololygmancie, par le hurlement des chiens;* et d'au-tres moins pratiques encore ou plus dangereux, à rai-son des conséquences pénales, comme l'*anthropoman-cie,* divination *par les entrailles de l'homme!*

Nous en passons et des meilleurs, comme la pitto-resque *kephalonomancie :* (par la *tête cuite d'un âne*), ou la très vulgaire *Tiromancie* que Mme de Thèbes tra-duit simplement ainsi : *par le fromage!*

Cela suffit à faire la gaîté d'un livre, et nous sommes profondément obligés à la célèbre chiromancienne de nous avoir fait passer une bonne journée, grâce à cette érudition spéciale sur les procédés ultra-romantiques de ses collègues des âges révolus!

Par reconnaissance, nous lui signalerons dans sa lon-gue énumération, une grave lacune : elle a oublié tout simplement la *cartomancie* à l'heure où, précisément, elle allait acquérir un nouveau lustre, grâce à un prix Nobel, ni plus ni moins, la dernière lauréate (à titre littéraire) Mlle Selma Lagerloëf.

Bien que son interview, paru dans le *Matin* du 27/12/ 09 ait eu un retentissement considérable, le *Matin* et nos lecteurs nous pardonneront, sans doute, en faveur de l'intérêt du sujet et de l'illustration de l'auteur, de replacer cet article sous les yeux des rares personnes qui ne lisent pas le *Matin* :

Faut-il croire à ce que disent les cartes?

Elles ne se trompèrent pas pour la lauréate du prix Nobel, Selma Lagerloëf.

Selma Lagerloëf, qui vient d'obtenir le prix Nobel et dont aujourd'hui même paraissent en traduction française les plus belles nouvelles, sous le titre les *Liens invisibles*, était, il y a vingt-cinq ans, une petite institutrice très obscure et qui devait toujours se ressentir d'une enfance assez débile. Le succès prodigieux de son premier roman, la *Saga de Goetta Berling*, la mit du jour au lendemain en pleine lumière. Elle quitta l'enseignement, voyagea en Italie, partit pour Jérusalem, et en rapporta des romans qui enchantèrent les pays scandinaves et dont le prix Nobel assurera la gloire européenne. Or cette destinée curieuse fut prédite le jour de sa naissance : c'est le récit de cette prédiction qu'elle a bien voulu faire aux lecteurs du *Matin*, et qui leur permettra de juger le charme de cette incomparable conteuse :

Je suis née le 20 novembre 1858, au fond de la province du Vermland, dans une petite ferme nommée Marbacka. C'est le soir. Vers neuf heures, la femme du pasteur qui habite la ferme voisine, passe la tête par la porte de la cuisine. C'est une petite vieille, parente et amie, que tout le monde appelle tante Veunervik. Elle n'a pu y tenir : un châle jeté sur la tête, elle s'est munie d'une lanterne et elle est venue par le petit chemin qui longe le jardin pour avoir des nouvelles.

On la fait entrer dans la petite chambre où la vieille Mme Lagerloëf a demeuré toute sa vie. La vieille Mme Lagerloëf a soixante-dix ans. Assise sur son canapé, elle tricote des chaussettes pour ses petits-enfants. Chez elle, tout respire le calme, et elle est très calme elle-même, car son fils, le lieutenant Lagerloëf, vient de lui annoncer la naissance d'une fille.

Bien qu'il soit tard, la gouvernante sert le café et les gâteaux, et tante Veunervik et la vieille Mme Lagerloëf s'installent autour du plateau et causent. Les deux vieilles dames, qui touchent à la limite de la vie, se demandent quelle sera la vie de l'enfant qui en ce moment fait son entrée dans le monde.

— Elle aura la vie qu'elle méritera, ni plus ni moins, dit la vieille Mme Lagerloëf.

— Pardon, ma sœur, réplique tante Veunervik, il y a aussi la chance.

Mme Lagerloëf se penche et tâte le réticule que tante Veunervik porte au bras. Ce réticule contient mille choses, car tante Veunervik est de celles à qui tout le monde recourt dans toutes les circonstances de la vie. Avant d'épouser, sur ses vieux jours, le pasteur Veunervik, frère de Mme Lagerloëf, elle a été gouvernante dans plusieurs grandes maisons. Aussi sait-elle tout faire, depuis la cuisine pour un grand dîner de noces jusqu'au tissage des damas les plus compliqués.

Mme Lagerloëf distingue bien vite dans le réticule, entre les lunettes et le trousseau de clefs, les pastilles pectorales et les sels, un petit objet carré.

— Je vois que tu as apporté les cartes, dit-elle.

Une rougeur monte aux joues fanées de tante Veunervik. Elle sait tirer les cartes, et tout ce qu'elle prédit se réalise. Mais elle n'avoue pas volontiers le plaisir qu'elle éprouve quand on fait appel à son art.... Elle ne comprend vraiment pas comment les cartes se trouvent dans son réticule....

— Puisqu'elles y sont, tu pourrais bien les tirer pour la pauvrette qui vient de naître, dit la vieille Mme Lagerloëf.

Tante Veunervik se fait un peu prier, pas trop. On écarte le plateau et elle commence. Mme Lagerloëf la regarde : avec son teint brun, ses yeux vifs et noirs, son long nez crochu et l'adresse dont elle manie les cartes, elle ressemble à une vieille devineresse. Il n'y a pas une place de son visage qui ne soit couvert de rides, mais elle n'a pas un cheveu blanc. Son bonnet de dentelles noires lui descend en pointe au milieu du front ; et de chaque côté de la tête pendent trois longues anglaises. Elle promène son doigt sur les cartes rangées devant elle, grommelle entre ses dents et semble mécontente.

— Eh bien, que vois-tu donc ? demande Mme Lagerloëf.

— Une maladie, et je crois bien qu'elle la gardera toute sa vie.

— A chacun sa croix ; sans cela, on reste un pas grand'chose, répond la vieille Mme Lagerloëf qui, d'humeur enjouée, cherche toujours le bon côté de tout. Si elle n'est pas forte, elle mènera une vie moins remuante plus tranquille, et c'est ce qui vaut le mieux.

Tante Veunervik recommence à promener son index sur les cartes.

— Je vois, dit-elle malicieusement, de longs et nombreux voyages, et souvent elle changera de demeure.

— Pierre qui roule n'amasse pas mousse, réplique la vieille Mme Lagerloëf, qui toute sa vie a habité la même maison et qui n'est pas contente d'apprendre que sa

petite-fille courra le pays. Mais je comprends, ajoute-t-
elle, que si elle est maladive et ne peut gagner son pain,
elle fasse la navette d'un parent à l'autre. L'existence
n'est pas commode quand on ne peut pas travailler ni
se rendre utile.

— Elle travaillera et peinera toute sa vie durant, annonce tante Veunervik. Ne t'inquiète pas de cela !

— Ah !... Je suppose alors que cela veut dire qu'elle
gagnera sa vie chez des étrangers et qu'elle changera
plusieurs fois de patrons, soupire la vieille dame.... Enfin tu t'es bien tirée d'affaire, toi... (Et son visage s'éclair-
cit.) Si elle devenait une personne aussi capable que
toi !...

— Elle ne tissera pas un seul damas dans toute son
existence ! poursuit tante Veunervik, un peu excitée.

Et le nez sur ses cartes, tante Veunervik ne songe
plus à prédire des choses agréables ou désagréables ;
tante Veunervik est toute à sa magie.

— Et tu sais, elle aura beaucoup à faire avec les
livres et le papier !...

Étonnée, Mme Lagerloëf se penche sur le jeu comme
pour débrouiller le sens de ces étranges prédictions.

— Tu dis qu'elle s'occupera de livres et de papier ?
Tu veux peut-être dire qu'elle se mariera à un pauvre
vicaire qu'on enverra de paroisse en paroisse.... Enfin
pourvu que ce soit un brave homme et qu'il soit bon
pour elle !...

Tante Veunervik leva un doigt et l'interrompit.

— Veux-tu que je te dise la vérité ?

— Mais certainement, répond Mme Lagerloëf.

— Elle ne se mariera jamais !

— Ah !... Elle ne se mariera jamais ! dit Mme Lagerloëf, qui est obligée de se maîtriser pour cacher sa
déception.

Après un silence, elle reprend :

— Eh bien, peut-être échappera-t-elle ainsi à bien des

chagrins.... Mais peux-tu voir au moins si elle sera une bonne et brave personne?

— Oui, ce sera une bonne et brave personne, dit tante Veunervik en se penchant de nouveau sur les cartes pour leur arracher d'autres secrets.

Mais la vieille Mme Lagerloëf l'interrompt un peu sèchement :

— Ne te soucie pas de m'en dire davantage, ma sœur. Je suis satisfaite puisque je sais qu'elle sera une bonne et brave personne. Au fond, c'est la seule chose qu'il importe de savoir....

SELMA LAGERLOËF.

Voici donc une 62ᵉ forme de « mancie » consacrée par un écrivain de haute valeur, dont le caractère est universellement respecté dans l'Europe entière!

Qu'est-ce à dire? et que doit-on penser de cet art de la divination, qui prétend utiliser dans les 62 formes ci-dessus mentionnées, tous les êtres de la création et presque toutes les manifestations des forces naturelles?

Le lecteur se rappelle sans doute ce que nous avons dit des prédictions *occasionnelles* des psychomètres. Il leur arrive de voir l'avenir, sans savoir qu'ils disent l'avenir. Ils sont, le plus souvent, *des prophètes sans le savoir ;* mais, ce qu'ils voient surtout, c'est le *Présent* ou le *Passé;* cela est encore fort beau puisqu'ils le voient à distance et par le moyen d'une « optique » inconnue!

Nous venons de voir, dans les deux chapitres précédents, que la graphologie d'abord, la chiromancie ensuite, se rattachent étroitement à la « voyance psychométrique » et ne sont que des formes différentes d'une même faculté chez la même personne!

Comment se fait-il que la cartomancie puisse donner les résultats affirmés par Mlle Selma Lagerloëf?

Nous avons eu parmi nos psychomètres une personne

à qui l'on a fait *accidentellement* « tirer les cartes. »
C'est Mme L¹ F. Voici ce qu'elle nous a déclaré spontanément et bien avant l'article de Mlle Lagerloëf : « Au
bout de deux minutes, je ne m'occupe plus de la *couleur des cartes ou de leur signification; ce* n'est plus que
de la *voyance.* »

Il est infiniment probable qu'il en est ainsi dans le
cas de la respectable tante de Mlle Selma Lagerloëf.
Sans savoir exactement comment, en Suède, l'usage
attribue telle ou telle valeur conventionnelle à telle ou
telle des cartes tirées par la cartomancienne, il nous
paraît impossible que la réunion de ces valeurs conven-
tionnelles eût permis à la bonne tante de décrire aussi
minutieusement la vie de son illustre nièce. Il y a dans
ses prédictions infiniment plus de détails que ne peut
en figurer le langage symbolique des cartes; donc le
reste ne peut être que le produit propre de la sensibilité
de la bonne Mme Veunervik, que nous n'hésiterons pas
à gratifier tout simplement du don de *voyance psychométrique,* ni plus ni moins que notre Mme L¹ F.

A quoi sert donc l'examen des cartes aux cartoman-
ciennes quand elles sont des voyantes, et à quoi quand
elles ne sont pas des voyantes?

Dans le second cas, il nous paraît clair que les cartes
en question, avec la valeur conventionnelle qu'on prête
à chaque couleur, ne servent qu'à construire en imagination un vrai *château de cartes,* une prédiction imaginaire qu'un souffle dissipe en un instant.

Si, au contraire, la cartomancienne se trouve, — par
hasard, — douée de *voyance psychométrique,* alors les
cartes ont une double utilité; mais, comme on va le
voir, une utilité très accessoire auprès du don capital
sans lequel elles ne vaudraient rien.

1° La cartomancienne a l'habitude de faire toucher
les cartes par le consultant, sous prétexte de couper,
mêler, choisir; le lecteur ne reconnaît-il pas là notre

éternel moyen de *mise en communication psychométrique*
par le contact de la personne visée?

2° L'ensemble des cartes à valeur conventionnelle
représente pour la cartomancienne comme une table des
matières d'un livre dont elle doit parcourir les différents chapitres. Par exemple : *vie, santé, bonheur,
amour, argent, affaires, voyage,* etc....

A chacune des cartes ayant une de ces valeurs de
convention, la cartomancienne fixe son attention sur la
question posée et opère sur elle-même un effort pour
y répondre. Il en résulte donc comme une sorte d'auto-
suggestion de faire porter son enquête sur le côté vie,
le côté amour, etc....

(Nous croyons bien qu'en chiromancie les lignes de
la main jouent le même rôle pour bon nombre de chiromanciennes).

Donc, plus on s'élève au-dessus des questions de
détail, mieux on voit qu'il importe peu que la folie humaine ait créé 60 genres de « mancies » ou qu'il y en
ait 100, ou qu'il n'y en ait que 4.

En réalité, il n'y a qu'une seule et unique *mancie*. La
faculté de voyance dans le *Temps*, comme la faculté de
voyance dans l'*Espace* est une, quelle que soit sa forme
extérieure ou le procédé employé.

Il en est de la « mancie » comme de l'éloquence dont
Descartes disait qu'un homme éloquent le serait en
toute langue ou patois (*ne parlât-il que Bas-Breton*).

On est voyant ou on ne l'est pas, et encore le voyant
ne l'est-il pas tous les jours, ni toute sa vie, ce qui fait
que toute voyance est sujette à contrôle!

Il est donc bien inutile de passer en revue les 61
formes de « mancie » de Mme de Thèbes. Nous ne dirons
que deux mots d'une forme de « mancie » qui a eu
souvent son utilité pratique, la *rhabdomancie* ou
divination par la baguette.

En général, elle s'est appliquée utilement à la découverte des sources, et semble y avoir réussi.

Notre ami, M. Warcollier, dans des expériences qu'il a résumées antérieurement, nous semble avoir démontré que les mouvements de la baguette sont régis par l'automatisme de la subconscience et cela n'enlève rien de son mérite à la rhabdomancie, car la subconscience possède toutes sortes de renseignements instinctifs que la conscience ignore, et dont certains lui parviendraient par voie de « télépathie. »

Pascal a dit : « Le cœur a des raisons que la raison ne connaît pas; » qu'il nous soit permis de répéter après lui : La subconscience, surtout chez les personnes douées de « voyance psychométrique, » a des raisons que la raison ne connaît pas.

Et à tout prendre, le cœur, c'est-à-dire le côté sentimental de la nature humaine, ne reste-t-il pas presque entièrement au-dessous du seuil de la conscience, en sorte que Pascal a deux fois raison, et que sa formule embrasse en réalité la nôtre au point de ne faire avec elle qu'une seule et même vérité !

CHAPITRE XIV

Analyse des moyens.
La psychométrie est-elle une simple lecture de pensée?

Si la psychométrie n'était qu'une lecture de pensée, elle serait bien déjà digne d'étude au point de vue philosophique; mais elle se rapprocherait davantage de la frontière de la *Psychologie connue* au lieu de rester dans la *Terra incognita* d'où nous essayons de la tirer actuellement.

La *lecture de pensée*, en effet, commence à être admise par un grand nombre de psychologues.

Aussi nous sommes-nous maintes fois posé la question qui fait le titre de ce chapitre, et n'avons-nous rien négligé pour y répondre en toute conscience!

Aujourd'hui, nous croyons pouvoir répondre :

Non! la psychométrie n'est pas une simple lecture de pensée!

Elle ne l'est pas pour la bonne raison que nous avons opéré sur des cas inconnus de nous, avec le même succès que sur des personnes connues.

Voici deux exemples :

Nous avons déjà fait allusion à une curieuse expérience de diagnostic à distance (le diagnostic médical avait été préalablement enfermé dans un tiroir et restait complètement inconnu de nous). La haute autorité de M. J. Maxwell nous a confirmé en ces termes le succès de la tentative :

« Le diagnostic de votre psychomètre a été très exact. Votre expérience a été des plus curieuses. J. Maxwell, Paris, 5/1/09. »

Voilà pour la psychométrie pathologique.

Voici maintenant un cas de psychométrie intellectuelle et morale. Il s'agissait d'un assassin dont un notaire de Taverny possédait les papiers, et dont il avait bien voulu nous communiquer une lettre d'amour!

Tout, de la vie de cet homme, nous était inconnu.

Voici la lettre que nous avons reçue du notaire par la gracieuse entremise d'un vieil ami, après l'expérience :

« Je vous avoue que jusqu'ici, toutes les sciences occultes (ou y ayant quelque analogie) m'ont laissé un peu sceptique, — mais, réellement, après avoir comparé la consultation psychométrique avec les renseignements obtenus sur le sujet en question, je suis émerveillé de tant de justesse, car, en effet, tous les dires de l'opérateur viennent, en tous points, corroborer les faits que vous connaissez et cela d'une façon on ne peut plus précise. C'est surprenant! Quand le livre sera édité, je vous serais obligé de vouloir bien m'en aviser. »

Arthur Messé (Saint-Leu-Taverny 12/12/09.)

Nous ne voulons pas multiplier ces exemples d'expériences sur objets inconnus. Mais, même lorsqu'il s'agissait de personnes connues, combien de détails de nous inconnus nous étaient révélés par l'analyse psychométrique!

Et combien de notions matérielles, pathologiques ou autres ne se trouvaient ni dans notre pensée ni même dans la pensée du consultant situé à des kilomètres ou à des centaines de kilomètres du lieu de l'expérience!

Évidemment, nous aurions mieux aimé, pour la facilité de la théorie, supposer une simple lecture de pensée, mais nous serions obligés pour cela de recourir à des hypothèses extrêmement compliquées, comme celle-ci, qui nous a été indiquée, en cours d'expérience, et qui pourrait s'appeler l'hypothèse des relais :

1° Relai de la subconscience du psychomètre à celle de l'expérimentateur;

2° De celle de l'expérimentateur à celle d'un ami qui connaît le sujet;

3° De celle de l'ami à celle du sujet.

Nous préférons déclarer franchement : *Il y a autre chose que la lecture de pensée.*

Nous ne voulons pas affirmer, en ce disant, que nos psychomètres sont incapables de lire une pensée! Loin de là! Nous voulons dire seulement qu'ils peuvent *se passer de lecture de pensée!*

Sur leur aptitude à lire la pensée, nous avons le témoignage contraire de Mme L¹ F., qui nous a déclaré avoir essayé vainement (avec d'autres expérimentateurs que nous), des lectures de pensée très simples. Cela n'est peut-être pas tout à fait convaincant, car ces tentatives étaient *conscientes*, et la lecture de pensée peut n'être que *subconsciente*.

Nous avons, pour notre part, peine à croire que des sujets qui voient et sentent des choses et des pensées si éloignées d'eux n'aient pas quelque notion de ce qui est en leur présence; mais il ne faut pas oublier qu'il leur est nécessaire de *toucher un objet*, et ensuite qu'ils possèdent cette « affinité élective » dont on a parlé au chapitre x, et qui peut, tantôt leur faciliter, tantôt leur interdire la *mise en communication* avec la personne présente.

De toute manière, la lecture de pensée ne serait tout au plus, d'après nos expériences, que *l'un des éléments de la voyance psychométrique!*

CHAPITRE XV

Analyse des moyens.
Quelle est la nature de l'enquête du psychomètre?
Y a-t-il un déplacement matériel?

Au début d'une expérience, il y a certains psychomètres qui donnent des indications sur cet état infiniment curieux dans lequel ils cherchent à établir la *mise
en communication* avec le possesseur de l'objet.

Voici, par exemple, quelques-unes des exclamations
assez habituelles chez Mme V. :

« Attendez! je n'y suis pas encore. Oui, maintenant
je sens, je suis bien avec elle (ou avec lui ;) » et ensuite
la description commence!

Dans cette courte période d'incertitude où l'on sent
l'effort du psychomètre à la recherche de la « piste »
indiquée, il peut arriver à tel ou tel, comme Mme N.,
M. P., Mme V., de nous dire : « Conduisez-moi! »

La première fois que cette demande nous fut faite,
nous supposâmes immédiatement — mais à tort, — que
le psychomètre, hors d'état de trouver la piste, voulait
nous prier de le renseigner sur l'objet de ses recherches,
et nous avions pris le parti de ne pas répondre.

Or, ce que demandait le psychomètre, c'était tout
simplement une direction topographique sous une forme
vague et il se contente parfaitement d'indications comme
celles-ci :

« Prenez les grands boulevards jusqu'à la place de la
République et tournez à gauche. »

Ou bien :

« Prenez la ligne métropolitaine n° 1 jusqu'à la station d'Obligado et tournez à droite. »

Ou encore :

« Prenez le train à Montparnasse pour la direction N. O. »

Nous avons fait mainte conjecture, on le comprendra sans peine, sur l'utilité que peut avoir, au point de vue de l'enquête psychométrique, une orientation de ce genre.

Ah! s'il n'y avait dans la psychométrie que de la lecture de pensée, on pourrait supposer tout uniment qu'il y a là un moyen de faire fixer la pensée du consultant sur un point donné et, par conséquent, de lire avec plus de facilité une idée devenue plus précise!

Mais on a vu au chapitre précédent, n° xiv, que la psychométrie n'est pas pour nous une simple lecture de pensée. D'ailleurs, sauf la résidence de la personne indiquée, nous ignorions parfois tout de sa vie et de son entourage.

Alors la question subsiste encore : à quoi peut servir au psychomètre cette orientation dans l'espace?

Ici, comme sur d'autres points encore obscurs, nous ne prétendons pas apporter une solution complète et définitive; nous tenons simplement à rapprocher cette recherche de l'orientation d'une conversation avec Mme L¹ F. sur une expérience à laquelle *nous n'avons pas personnellement participé* :

« Mme L¹ F. faisait, sur une lettre de Mme X, en présence de témoins, une expérience de psychométrie. A ce moment, Mme X. écrivait, *loin de là*, dans son appartement. Tout à coup, Mme X. remarqua, dans sa chambre, l'apparence de la psychomètre, Mme L¹ F., qui resta un moment (sans parler bien entendu), et puis disparut. Le fait fut rapporté ensuite, par Mme X., à Mme L¹ F., et aux autres témoins de l'expérience de psychométrie, qui avait lieu à la même heure, mais dans un lieu éloigné de l'habitation de Mme X. »

On aurait aimé pouvoir réunir d'autres faits de cette nature et les soumettre à un contrôle rigoureux. Toutefois, ne semble-t-il pas que ce fait isolé vient éclairer les observations précédentes sur la recherche de l'orientation chez les psychomètres?

Enverraient-ils à distance quelque chose d'eux-mêmes, en sorte que leur langage usuel serait littéralement exact lorsqu'ils disent : je vois, j'entends, je sens, etc... ? Nous savons bien qu'on peut raisonner autrement et dire : la concentration de la pensée de Mme L¹ F. sur la lettre de Mme X. a produit un effet de télépathie entre le cerveau de Mme L¹ F. et celui de Mme X. Celui-ci a projeté au dehors, sous la forme d'une hallucination visuelle, l'impression sur lui produite par le message télépathique et l'apparition s'explique ainsi.

Oui, mais cela n'explique pas, non plus très bien, comment s'est produite l'action du cerveau de Mme L¹ F. sur celui de Mme X., et cela n'explique pas du tout cette autre déclaration de Mme L¹ F. (dont certaines descriptions matérielles sont, on le sait, d'une précision frappante) :

« Quand Mme L¹ F. compte (*à distance*), les pièces d'un appartement, il lui arrive de voir une porte sans pouvoir connaître ce qu'il y a derrière, en sorte qu'il peut rester des chambres qu'elle ne voit pas. Lorsqu'à ce moment on lui suggère de regarder derrière la porte (ou de franchir la porte), cela facilite la voyance ! »

Est-ce que là encore tout ne se passe pas comme s'il y avait un émissaire matériel qui irait faire l'enquête sur place ?

Nous n'affirmons rien, bien entendu, mais nous estimons que certains dires et certains faits, font étrangement penser aux expériences récemment publiées par un magnétiseur M. Durville, sur *Les fantômes des vivants* (Paris, 1909, librairie du Magnétisme). Les pages 155 à 175 de ce livre décrivent 9 sujets, sur lesquels l'auteur aurait constaté des dédoublements, avec formation de fantômes, pouvant produire l'apparence indiquée par Mme X. pendant l'expérience de Mme L¹ F. Les sujets de M. Durville ne sont pas des psychomètres; il y en a cependant qu'il qualifie de « lucides; » en tout cas, ces sujets sont certainement des *sensitifs* dont la sensibilité est voisine de celle des psychomètres.

Nous n'osons en conclure à une véritable « bilocation » dans les enquêtes des psychomètres.

Et pourtant l'ensemble de ces faits qui se rapprochent, qui se corroborent, donne singulièrement à penser!

Peut-être finira-t-on par dire aussi de la psychométrie à distance :

« Eppure si muove! »

— Après la rédaction du Chapitre xv, on a recueilli, dans une expérience du 19/1, chez Mme V., la curieuse indication suivante :

La psychomètre venait, au contact d'une lettre, de décrire deux dames qui étaient allées en visite chez une troisième.

Après l'expérience, on a posé une question tendant à mieux identifier, — par la couleur des cheveux — les deux dames en question. On a obtenu cette réponse : « Ces deux dames viennent à la lumière, *et la lumière m'empêche;* je ne vois pas bien la couleur. »

Ceci paraît pouvoir être rapproché de cette autre constatation des psychistes, à savoir que la lumière serait contraire à ce qu'ils appellent les *matérialisations,* et ce serait peut-être un argument en faveur du déplacement « effectif » du psychomètre.

En tout cas, n'est-il pas bien curieux que la lumière puisse être signalée comme un obstacle et une excuse?

CHAPITRE XVI

La psychométrie est-elle une faculté générale de l'âme humaine?
« Psychomètres sans le savoir. »

Deux raisons ont retardé jusqu'ici l'étude sérieuse de la psychométrie :

1° D'abord le charlatanisme de certains professionnels, qui n'ont jamais eu, ou qui ont perdu *le don* et qui exploitent la crédulité des foules, des foules qui ignorent précisément quelles sont les limites de la psychométrie, les conditions d'une expérience sérieuse et pratique, qui réclament des réponses à des questions d'une solution impossible, et qui acceptent, les yeux fermés les consultations les plus fantaisistes!

2° Plus encore que le charlatanisme des professionnels, le scepticisme *a priori* des rares observateurs qui refusent de se placer dans les conditions nécessaires de l'expérience, de respecter les innocentes manies de certains *sujets*, de les encourager par un accueil sympathique, dont ces natures sensitives ont particulièrement besoin.

L'un des motifs de ce scepticisme est la place en apparence exorbitante que tient la psychométrie dans l'ensemble des facultés humaines, la rareté qu'on lui suppose, l'absence de relations qui paraît exister entre *la voyance* et les autres fonctions intellectuelles!

Tout cela nous semble de pure apparence. Il n'est que temps de remettre cette faculté à sa place naturelle. Peu commune, il est vrai, dans sa forme la plus élevée (mais n'en est-il pas de même de toutes les autres facultés?), la psychométrie, à des degrés divers, doit appartenir à peu près à tous; il est probable qu'une fois ou deux dans notre vie, nous sommes tous, plus ou moins, des *Psychomètres sans le savoir.*

Qu'on relise, à la lumière des observations qui précèdent, la vie des grands meneurs d'hommes : politiques, militaires, orateurs, fondateurs de religions, d'états, d'écoles, grands séducteurs (ou grandes séductrices), on y retrouvera tellement développé ce qu'on appelle : connaissance des hommes, perspicacité, prévoyance allant jusqu'à la prescience et aussi cette faculté mystérieuse appelée vulgairement « le tact, » que leur génie paraîtra bien souvent se confondre avec cette vision à distance (dans le Temps et dans l'Espace), que nous trouvons chez nos modestes psychomètres appliquée à de plus humbles objets.

On se rappellera que le *génie*, d'après l'école philosophique de F.-W.-H. Myers, n'est que l'utilisation par l'intelligence d'un certain nombre de facultés qui restent ordinairement inconscientes dans la majeure partie de l'humanité.

Voilà déjà un trait d'union entre la psychométrie et la psychologie générale, trait d'union formé de tous ceux qui ont dominé l'humanité grâce à leur puissance de pénétration, à leur privilège d'évocation de ce qui n'existe pas encore ou de ce qui n'apparaît pas encore aux yeux du troupeau humain!

Mais il y a des cas où tout être, le plus humble, le plus déshérité, peut atteindre, *pendant une seconde*, à ce niveau supérieur, c'est lorsqu'une affection profonde, un grand et pur amour, l'unit à un autre être, et alors la prescience, la divination, la vue à distance dans le Temps et l'Espace, peut appartenir à celui qui aime et uniquement à l'égard de ce qu'il aime, — et cela s'appelle alors d'un mot qui a fait fortune : la *Télépathie.*

Et voilà un second trait d'union, plus large encore, entre les psychomètres et le reste de l'humanité.

Et d'ailleurs, sont-ils (les véritables psychomètres), aussi peu nombreux qu'on veut bien le croire?

D'après un vieux magnétiseur, qui ne s'est pas préoccupé spécialement de psychométrie, mais qui a vu et observé beaucoup de *sensitifs,* le nombre de ceux-ci serait représenté à Paris par une proportion de 30 % de la population en y comprenant particulièrement les femmes et les jeunes gens.

De ces 30 %, d'après le même vétéran du magnétisme, un vingtième serait apte à fournir des sujets *lucides* et un centième environ de ces derniers pourrait être, par un entrainement spécial, conduit peu à peu à la « lucidité complète, » y compris les visions d'avenir, c'est-à-dire à ce que nous avons étudié sous le nom de *psychométrie.*

Qu'on veuille bien nous dispenser de chiffrer avec précision les totaux de cette statistique, nécessairement approximative. Il en résulte cependant qu'il y aurait à Paris, sur environ 3 millions d'âmes :

Plusieurs *centaines de mille* de *sensitifs;*

Plusieurs *dizaines de mille* de *sujets lucides;*

Plusieurs *centaines* de sujets d'une *lucidité complète* aptes à la *psychométrie.*

Le difficile est parfois de les trouver, car nous ne dissimulons pas qu'à certains égards, pour éviter certaines critiques trop faciles, il serait peut-être préférable d'opérer sur des *non-professionnels,* et, d'autre part, le *professionnel,* s'il est honnête et bien doué, a, sur le *non-professionnel,* le grand avantage d'un entrainement journalier qui développe singulièrement la *voyance.*

Quel que soit leur nombre, où placera-t-on, dans l'échelle humaine, ces *sensitifs,* si singulièrement doués de certaines des qualités qui font le génie ou de certains privilèges des grands cœurs, par exemple, la *télé-pathie* ? Sera-t-on tenté d'y voir des dégénérés, des malades, présentant une forme de ce qu'on appelle parfois du nom générique d'hystérie, sans qu'on soit arrivé à pouvoir jamais en fournir une définition précise ?

Pour notre part, nos propres observations ne nous permettent pas de classer nos psychomètres, ni parmi les dégénérés, ni parmi les malades ! Nous n'avous trouvé, même parmi les sujets les moins cultivés, que des natures douces, fines, sympathiques, d'une véritable délicatesse morale, enclines parfois à un certain mysticisme, mais ne manquant ni d'intelligence, ni de bon sens ; en un mot, possédant, quelques-uns au moins des caractères moraux d'une élite, sans aucune tare apparente, ni aucun signe de dégénérescence.

Il nous paraît, d'après notre expérience, beaucoup plus sage et plus loyal de reconnaître, dans ces natures d'exception, un privilège qui serait certainement des plus enviables, s'il ne devait s'accompagner, à ce qu'il semble du moins, d'une sensibilité probablement excessive dans la conduite générale de la vie.

Après une année de patientes recherches, nous arrivons ainsi à confirmer les conclusions de notre maître et ami, M. J. Maxwell, aux dernières pages de son beau livre sur les *Phénomènes psychiques* (édition Alcan, pages 314, 315, 316).

« L'opinion des savants qui, mal informés, enseignent que les médiums sont des hystériques et des névrosés, est donc erronée ; elle en a, en outre, les plus déplorables conséquences. Je connais des sujets remarquables qui refusent absolument d'expérimenter en dehors d'un groupe très fermé et très sûr, *parce qu'ils redoutent d'être tenus pour des névropathes....* Si la perfection de leur système nerveux rend ces personnes plus impressionnables que la moyenne, on aurait tort d'en conclure qu'elles sont tarées. Ce raisonnement est aussi stupide que celui qui consisterait à considérer l'Européen comme dégénéré, parce qu'il est plus émotif et plus sensible à la douleur que certaines peuplades sauvages.... Nous devrions, au contraire, les considérer comme des êtres précieux, comme les avant-coureurs du type futur de notre race. N'est-ce pas véritablement absurde de voir des dégénérés partout, et de ne pas voir les êtres en avance sur nous, qui semblent être les jalons de la route que nous avons à suivre? Le simple bon sens nous indique, n'est-ce pas, que l'humanité n'est pas encore arrivée à la perfection, qu'elle évolue actuellement, comme elle l'a fait dans le lointain passé? Tous les hommes ne sont pas au même degré de l'évolution. Il y a des types arriérés qui représentent l'état moyen d'autrefois; il y a des types avancés qui représentent aujourd'hui l'état moyen de l'avenir. Le progrès de la race semble se faire dans la direction d'une perfection plus grande du système nerveux, dans l'acquisition de sens plus délicats, d'une sensibilité nerveuse plus grande, DE MOYENS D'INFORMATION MOINS LIMITÉS. »

La psychométrie serait le privilège de la race à venir!

CONCLUSION GÉNÉRALE

Une admirable page de F. W. H. Myers (*loco citato. La Personnalité humaine*, p. 87), nous servira de guide pour arriver à formuler la conclusion générale qui se dégage de l'ensemble de nos expériences.

« Depuis que le premier germe de vie a apparu sur la terre, son histoire a été non seulement celle d'une *adaptation* progressive à un milieu connu, mais encore celle d'une *découverte* progressive d'un milieu inconnu, quoique toujours présent. Ce que nous appelons l'irritabilité primitive simple était en réalité une vague *panesthésie*, une faculté virtuelle, mais encore inconsciente de toutes les actions auxquelles elle avait à répondre. Avec le développement de ces facultés de sensation et de réaction, des milieux dont ils n'avaient jusqu'alors aucune conception se sont graduellement révélés aux organismes vivants. Pour ne prendre qu'un exemple, est-ce que l'énergie électrique n'a pas existé de tout temps, et n'a pas toujours manifesté son action avant que les organismes vivants aient découvert qu'ils possédaient l'aptitude de réagir à ces actions? Pourquoi ne pas supposer qu'il existe autour de nous d'autres milieux, d'autres énergies que nous ne soupçonnons pas, que nous arriverons à découvrir un jour, mais qui néanmoins agissent sur nous et sur les autres êtres vivants, provoquent même des réactions de notre part, dont nous ne nous rendons pas compte, parce qu'elles n'ont pas encore franchi le seuil du moi supraliminal? Qu'est-ce qui nous empêche d'admettre que les actions télépathiques ou les influences que des esprits exercent à distance sur d'autres esprits font encore partie de ces énergies non découvertes, existantes néanmoins et toujours actives? Que nous vivons dans un milieu inconcevable et sans limites, monde de pensée ou univers spirituel chargé de vie infinie, et dépassant tous les esprits humains, ce que les uns appellent l'Ame du monde, les autres Dieu? »

Pour résumer ces considérations de haute philosophie naturelle, il serait logique d'admettre en nous une *panesthésie* latente, reste de la *panesthésie* primitive du protoplasma, indépendante des organes des sens. Les appareils sensoriels terminaux ont servi, au cours de l'évolution, à différencier certaines catégories de sensations, mais, quelle que soit l'importance prise dans notre vie consciente par les sensations différenciées dans les cinq sens vulgairement admis, il ne faut pas oublier que le système nerveux central a dû conserver son aptitude à percevoir toute espèce de sensation et à réagir contre toute espèce de milieu.

N'avons-nous pas consacré l'année 1908 à étudier avec M. Warcollier sous le titre, *l'Art du repos et l'Art du travail. Influence de l'Orientation sur l'activité musculaire et neuro-psychique*, des mouvements que la force nerveuse produit, en dehors de nous, sur l'aiguille du sthénomètre de Joire?

N'avons-nous pas été conduit à étendre notre enquête à toute la série des êtres organisés, à commencer par le *cristal*, et n'avons-nous pas reconnu, après le baron de Reichenbach, une force extériorisée par tout ce qui a vie, force que l'illustre chimiste autrichien n'avait pu étudier que sur *des sensitifs, hommes et femmes*, mais que l'invention du Sthénomètre nous a permis de vérifier d'une manière plus précise, en mesurant ses actions en degrés (positifs ou négatifs)?

Et puisque de telles actions à distance sont perçues par *le système nerveux de certains sensitifs*, n'est-on pas conduit naturellement à admettre que le même système nerveux de ces mêmes sensitifs peut être sensible à d'autres influences extériorisées, elles aussi, par *d'autres systèmes nerveux*, et réaliser ainsi ce qui paraît prodigieux au premier abord, ces cas de vision à distance que nos expériences de psychométrie de 1909 nous forcent bien à admettre et qui doivent être relativement fréquents?

Nous croyons fermement que si chacun de nos lecteurs ou chacune de nos aimables lectrices veut bien faire, à ce point de vue spécial, l'examen de sa vie entière, ils reconnaîtront que, à un moment donné, ils auront été, eux aussi, ne fût-ce qu'une seconde, des sensitifs accessibles à une « divination, » à une « télépathie, » à un « pressentiment », qu'ils auront interprété peut-être de toute autre manière, peut-être même méprisé comme un vain produit de leur imagination, mais qui n'en constituait pas moins la manifestation d'une faculté toujours latente dans l'âme humaine, et qu'il faudra bien se décider à étudier un jour !

Nous serions heureux d'avoir pu y contribuer, comme nous l'avons déjà fait l'an dernier pour ce qu'on peut appeler la « *sthénométrie*, » du nom de l'appareil qui sert à étudier l'extériorisation de la force nerveuse. Nous serions heureux d'encourager une vaste enquête sur la *psychométrie*, cette faculté mystérieuse, passionnante, et dont les applications ouvrent un champ merveilleux aux recherches de la psychologie scientifique ainsi, qu'aux spéculations de la plus haute philosophie naturelle !

Les Basserons, Montmorency (Seine-et-Oise), 1er janvier 1910.

Edmond DUCHATEL.

DE L'INFLUENCE DE L'AMOUR SUR L'ÉCRITURE

CONFÉRENCE

faite au cours de graphologie de Madame de Salberg

le 26 Avril 1910

PAR

M⁰ PAUL DE FALLOIS

Avocat à la Cour d'Appel de Paris.

MESDAMES, MESSIEURS,

Je viens vous parler du graphisme sous l'influence de l'amour.

Tous ici vous êtes des graphologues. Je n'ai donc pas à vous rappeler que la graphologie est une science véritable puisqu'elle est arrivée à formuler des lois précises, c'est-à-dire à exprimer des rapports constants et généraux entre une écriture donnée et l'état d'âme du scripteur au moment où il a tracé son graphisme. Il s'agit aujourd'hui de mettre en lumière, conformément à ces lois, les caractéristiques d'un graphisme dont l'auteur au moment où il écrivait, était possédé par la plus violente, la plus douce, la plus terrible et aussi la plus délicieuse des passions,... par l'amour!...

Cela sera relativement facile; il est aisé de le comprendre *a priori*.

En effet, si les principes graphologiques sont exacts, — et ils le sont — ils devront naturellement se manifester avec leur maximum d'intensité dans le plus fort, le plus puissant de tous les sentiments.

L'étude à laquelle nous allons nous livrer est donc d'un intérêt pratique indiscutable!...

Tous, en effet, nous sommes tributaires de l'amour.

C'est le plus impérieux et, à la fois, le plus exquis des tyrans.

Personne n'échappe à son empire.

> Qui que tu sois, voilà ton maître.
> Il l'est, le fut ou le doit être

a dit Voltaire, qui voulait que l'on écrivit ces deux vers sur le socle des statues dressées à Cupidon....

Nul n'a jamais échappé à ses lois.

Il est plus ancien que le monde, puisque c'est lui qui l'a créé!...

Comme je plaindrais le malheureux qui aurait réussi à se soustraire à sa domination!

La vie, pour lui, ne vaudrait pas la peine d'être vécue!

N'aimant pas, il tomberait fatalement dans le plus abject des égoïsmes, et, au lieu de sentir en lui la flamme généreuse, féconde de l'amour, génératrice de l'effort, de l'illusion, et par suite du génie dans toutes ses manifestations oratoires, artistiques, musicales. littéraires ou scientifiques, cet être infortuné mourrait misérablement d'une hypertrophie du *moi*.

C'est ce que Pailleron a magnifiquement exprimé dans ces vers adorables :

> Il n'est pas de bonheur au monde
> Qui vaille le malheur d'aimer....

L'amour étant de toutes les passions la plus noble, la plus puissante, et personne n'ayant jamais pu se soustraire à son influence, il est clair qu'il est d'un intérêt de premier ordre d'en observer les manifestations pour les étudier. Cela est d'autant plus nécessaire, même, que le cœur, hélas, croit trop facilement ce qu'il désire... celui des femmes surtout!... « *Facili feminarum credulitate ab gaudio* »... disait déjà Tacite, en exprimant précisément, dans son style lapidaire, cette tendance irrésistible du beau sexe à considérer, comme devant forcément se produire, l'événement qui doit le rendre heureux. Il est donc naturel que l'amour, en raison même de la puissance énorme qu'il prend sur les cœurs soumis à son empire, — c'est-à-dire *sur tous les cœurs*, — soit un auxiliaire précieux pour les intrigantes, les coquettes, etc....

« *Ut ameris, ama....* »

Aime pour être aimé, dit le proverbe latin.

Aussi, combien de fois, dans le but de provoquer la tendresse dans un cœur que l'on veut s'attacher, feint-on d'éprouver l'amour soi-même?

C'est ici qu'apparaissent les calculs les plus misérables, les plus vils; les manœuvres les plus basses, dictées par le plus répugnant des mobiles : par l'intérêt.

Il faut donc, avant tout, dans un but de sauvegarde et de dignité personnelle, essayer de savoir à tout prix si celui ou celle qui prétend nous aimer nous aime réellement, ou si le candidat à la possession de notre cœur nous joue une odieuse comédie.

C'est précisément ce que l'étude de son graphisme va nous révéler.

On ne saurait trop répéter à ce point de vue qu'il faut soigneusement se garder de confondre la graphologie avec l'expertise en écriture. La définition même de l'une et de l'autre suffit à caractériser les différences profondes, radicales, qui les séparent.

L'écriture, c'est le jet matérialisé de la pensée; c'est, avant tout, *un geste.* L'étude de la graphologie est donc l'étude du geste du scripteur considéré comme matérialisation, comme photographie de sa pensée, *au moment où il a écrit.*

L'expertise en écriture tend vers un but tout autre.

Elle se propose de différencier, ou, au contraire, d'identifier deux graphismes, même tracés à des intervalles très éloignés, 25, 30 ans par exemple.

Or, l'écriture étant essentiellement variable et se modifiant avec l'âge, on voit qu'il peut y avoir autant de différences, plus, même, parfois, entre deux graphismes tracés par le même individu à 25 ans de distance, qu'entre deux graphismes appartenant à deux individus différents.

Et, ceci dit à titre de préambule, j'entre dans le cœur même de mon sujet.

Il y a, dans l'écriture, des signes fixes et des signes occasionnels.

Ce sont, bien entendu, les signes occasionnels qui vont nous occuper aujourd'hui.

J'ai dit que l'écriture est le reflet non seulement de notre caractère et de nos aptitudes, mais aussi de nos impressions *du moment.*

Il est donc facile de comprendre que l'on puisse observer des modifications radicales dans un graphisme, suivant les différentes émotions auxquelles est en proie le scripteur.

A ce point de vue, et d'une façon générale, l'organisme de la femme étant beaucoup plus délicat que celui de l'homme, il est clair que c'est surtout dans son graphisme que les impressions se manifesteront avec leur maximum d'intensité.

C'est donc principalement l'écriture de la femme amoureuse que je me propose d'étudier aujourd'hui.

Le livre de Mme de Salberg (fig. 583 et 584), met en relief les différences profondes survenues dans le graphisme d'une jeune personne avant son mariage et un mois après....

Au bout de ce si court espace de temps — à peine le premier quartier de la lune de miel! — l'écriture s'est déjà transformée d'une façon saisissante.

Elle a été, comme toujours, une photographie d'une exactitude rigoureuse de l'âme de la scriptrice, et elle atteste que tous les tendres instincts se sont nettement développés....

Mais il n'y a pas que le côté seulement matériel de l'écriture que transforme l'amour sous l'influence de la métamorphose physique!...

Il y a aussi, dans le graphisme, les caractéristiques de la sentimentalité qui se développe sous l'étreinte de la passion, et ceci est infiniment plus intéressant et plus suggestif à étudier.

Dans l'éducation actuelle, on s'efforce de donner à l'écriture féminine la direction verticale, qui répond à je ne sais quel besoin d'indépendance et d'absolue *possession de soi*, et qui est le fruit des tendances nouvelles.

Le sphinx à la fois terrible et charmant qu'est la jeune fille moderne, garde jalousement son secret, et ne veut pas que, par son écriture, on puisse déchiffrer sa tendre énigme!

Vaine précaution!...

L'amour, vainqueur des dieux, nous aidera à la dévoiler; et, grâce à lui, nous déchirerons l'atmosphère mystérieuse dont aime à s'entourer le petit sphinx....

Dès que le dieu malin se sera installé en maître dans son cœur, dès qu'il en aura pris possession complète — qui n'est pas entièrement possédé par l'amour n'aime pas — il manifestera sa présence par des signes non équivoques....

Oui; où les flèches symboliques auront fait leur œuvre, le graphisme de ceux qu'elles auront atteints nous en apportera l'irrécusable témoignage, et, pour être exactement renseignés, nous n'aurons plus qu'à interroger habilement ce témoignage.

Tout d'abord, sous l'impression d'un sentiment tendre, l'écriture se penchera, et se penchera d'autant plus que la tendresse et la profondeur du sentiment seront plus développées.

— Pénétrons dans un bois, à la fin d'une radieuse journée de printemps.

C'est l'heure du crépuscule....

Le soleil, hostie géante, s'enfonce dans le calice immense de la mer, et ensanglante le ciel de son agonie.

La senteur des œillets — cette neige parfumée — s'avive délicieusement à l'approche de l'ombre qui s'étend sur la campagne.

Le divin rossignol commence à égrener ses trilles incomparables au faîte des arbres; et les astres grossissants, perçant les ténèbres, semblent se rapprocher comme pour mieux entendre son chant d'amour monter éperdument vers les étoiles....

L'air est comme chargé d'une odeur de caresses.... Les branches, lourdes de fleurs, se penchent sous leur poids, comme accablées de parfums, et comme pour mieux offrir les lèvres pâmées de ces fleurs aux amoureux baisers de la nuit....

— Eh bien! comme ces branches embaumées, sous l'impression d'un sentiment tendre, l'écriture se couche...

C'est l'amour, fleur et fruit du cœur, qui, par un geste tout naturel de confiance et d'abandon, fait se pencher l'écriture vers l'aimé....

Suivons pas à pas le tendre processus du graphisme....

Toujours il restera à l'unisson de celui du sentiment, qu'il continuera à enregistrer avec la même fidélité.

J'ai dit que l'écriture commence par se pencher, puis par se coucher.... C'est la première phase... la sentimentalité qui se développe....

Mais le sentiment ne peut pas toujours s'agiter dans le vide : il lui faut un aliment.

Il n'y a pas de flamme, si intense qu'elle soit, qui ne s'éteigne faute de combustible!

Bientôt l'amour heureux (je ne veux pas en envisager d'autre), aura fait un pas décisif....

Immédiatement le graphisme, par son côté plus matériel, nous en apportera la preuve indéniable....

Les lettres se presseront,... s'écraseront comme l'amante se presse et s'écrase contre la poitrine de l'aimé!...

Je ne parle ici, bien entendu, que de l'écriture normale d'une personne bien équilibrée.

Il est clair que si nous avons affaire à une nature impulsive, passionnée, les signes qui sont révélateurs de cette nature apparaîtront avec toutes leurs caractéristiques.

Les signes de la jalousie, de la violence, se multiplieront si les sentiments ne sont pas partagés.

Il sera facile alors de voir que le graphisme a été tracé en pleine tempête du cœur, la volonté désemparée, emportée comme dans une bourrasque, battue d'une houle d'affolement et de désespoir, de fièvre et de passion ; de cette passion terrible, farouche, exclusive, qui projette le cœur hors de la poitrine de celui qui aime, pour le lancer éperdument à la recherche, et, coûte que coûte, à la conquête et à la possession de l'être adoré !...

— Avons-nous, au contraire, affaire à un roman heureux? Tous les signes de violence s'adoucissent. Dans la joie l'écriture s'élargit, s'épanouit, semble sourire au bonheur... c'est la divine extase de l'amour partagé.... Dans la souffrance, toutes les lettres se resserrent, se replient sur elles-mêmes. C'est l'illusion qui languit, s'étiole, agonise et meurt !...

Voulez-vous d'autres signes indicateurs d'états d'âme?

Dans la joie amoureuse l'écriture monte, se dirigeant vers le ciel (le septième, naturellement;) dans la tristesse elle descend, — et cette pente fatale conduit parfois jusqu'au tombeau, puisqu'il n'est que trop vrai, comme l'a dit Musset, qu'on peut mourir d'amour : l'expérience de tous les jours l'atteste.

C'est donc par cet ensemble de signes que l'on peut voir si une personne est heureuse ou malheu ... par le cœur.

Ceci, encore une fois, pour les personnes normales.

Quant au vice, il est, Dieu merci, facile à démasquer !

La bassesse morale se traduira infailliblement par la malpropreté matérielle du graphisme ; je ne parle pas, bien entendu, de l'écriture des malheureux qui en sont réduits à écrire avec les plumes des bureaux de poste.

Cette malpropreté se révélera par le fléchissement en arrière des jambages qui, comme pris de honte, semblent vouloir fuir et se dérober ; par les traits baveux, etc....

Et maintenant, point capital !...

Comment savoir si le scripteur est sincère ?

Un graphologue subtil, avisé, et dénué de tout scrupule, connaissant à fond toutes les caractéristiques du graphisme amoureux que nous venons d'énumérer, ne pourra-t-il pas, en multipliant ces caractéristiques dans son écriture, donner l'illusion qu'il aime sincèrement, alors qu'il ne sera en réalité qu'un hypocrite et un imposteur ?

— Voici ma réponse :

Un fait acquis, en graphologie, est que l'écriture ne peut cacher la maladie du scripteur quoi que fasse celui-ci, quels que soient ses efforts, quelque forme d'écriture qu'il veuille prendre pour y parvenir....

Ainsi, un faussaire réussira bien à imiter l'écriture d'un tiers, mais il ne pourra jamais arriver à dissimuler son propre état pathologique.

Or, l'amour est une maladie... maladie délicieuse, certes, dont il est poétique de mourir, mais maladie très réelle, éminemment douloureuse, et caractérisée par ce fait unique et paradoxal que le malade chérit son mal et ne voudrait pour rien au monde en guérir!...

Donc, le graphisme de l'être aimant, vraiment passionné, doit porter la trace de sa sincérité.

A quoi se reconnaîtra-t-elle?

A l'écriture couchée, dextrogyre (allant vers la droite) à la signature semblable au texte.

Ceci est très important à observer.

La signature non semblable au texte annonce toujours un individu dont il faudra se défier, une dualité dans la personnalité.

La sincérité se reconnaît donc surtout à ceci que le geste est le même dans la signature que dans le texte, c'est-à-dire qu'il y a même allure dans le graphisme.

Ainsi ce sont les signes concomitants, la fixité de ces signes, qui annoncent la sincérité.

— Il y a, au point de vue de la dissimulation, un signe tout à fait intéressant à observer.

Défiez-vous des signatures voilées, c'est-à-dire des signatures sur lesquelles le scripteur a mis une barre ou un paraphe....

A-t-il simplement barré la première partie de son nom? Il a cherché à voiler l'intimité de sa vie privée. Ce peut être une rare qualité. Don Juan n'est pas modeste en général.

Le scripteur a-t-il barré la deuxième partie de son nom (nom de famille), il cherche à dissimuler certaines choses arrivées dans sa vie publique.

Et les coquettes? Comment les reconnaître, les démasquer?

Il y a différents genres de coquettes....

1° Il y a celle qui n'est pas vraiment dangereuse, qui ne songe qu'à plaire, à faire valoir ses charmes. Elle a raison! Elle sera la joie de nos yeux. Etre belle est une politesse pour les autres.

2° Il y a la coquette froide et habile qui joue l'amour sans le ressentir, pour mieux s'attacher ses victimes.

Femme à éviter s'il en fut !...

Celle-là s'adresse aux fibres les plus profondes de la vanité masculine, elle sait qu'on n'y fait jamais appel en vain !...

Chaque homme ne s'imagine-t-il pas qu'il peut galvaniser les natures les plus inertes, faire courir sous leur épiderme l'étincelle de la passion, la brûlure du frisson amoureux.... Être Pygmalion, en un mot, et animer même les statues de marbre?...

La coquetterie de notre intrigante aura donc la vanité de l'homme pour alliée et pour complice; c'est précisément pour cela qu'elle sera si dangereuse.... L'écriture sera grêle... toute en arcade, avec des volutes, des enroulements... (la coquette roule et enroule)....

Les lettres seront prises en dessous, ce qui est la marque, la griffe, le sceau de la méchanceté féline, sournoise, et de la traîtrise.

Ces écritures louches, tortueuses comme celles qui les ont tracées ont comme une odeur de trahison.... Elles sont facilement reconnaissables, et, comme un jet de vitriol, sautent aux yeux du graphologue averti.

— Le lasso du paraphe et les *d* aiguisés, c'est l'indice de la coquetterie enfantine et bêbête....

C'est celle des fillettes et des jeunes filles de 18 ans avec rubans dans les cheveux et bouche en cœur.

C'est l'oie blanche d'autrefois... espèce disparue !... (Il reste bien encore des oies, mais elles ne sont plus blanches).

3° Il y a la coquette professionnelle :

Enroulements savants... formes très élégantes des lettres... allure posée.

Dans ce graphisme, comme dans la scriptrice, tout est calculé... rien d'impulsif... de naturel.... C'est la femme qui combine, prémédite à tête reposée tous ses effets.

Chez elle le sentiment n'est ni sincère ni réel, elle n'a aucun besoin affectif d'aucune sorte.

Pour cette créature, l'amour est une carrière, une mine à exploiter, un moyen, un métier.... Elle ignore tout sentiment. Rien ne l'arrêtera.

Il me souvient d'avoir reçu un jour, dans mon cabinet, une jeune femme dont le pâle et charmant visage me frappa immédiatement.

Elle semblait en proie à une indicible détresse. Son mari l'avait lâchement abandonnée pour suivre une amie à elle qu'elle avait eu l'imprudence de recueillir.

Avec cette amie si généreusement admise dans son intimité, la trahison la plus vile et la plus basse s'était installée à son foyer.

Elle me disait son désespoir; et je la vois encore, écroulée sur un fauteuil, à grands sanglots convulsifs, éperdument, pleurant sa vie sans but désormais, ses illusions détruites, ses doux rêves d'avenir, d'espérance et d'amour dont une gourgandine, brutalement et à jamais, venait de briser les ailes!...

Comment ne s'en était-elle pas défiée?

Son écriture l'eût de suite renseignée sur sa moralité, si la pauvrette avait su l'interroger!

Quelques notions de graphologie, et elle se serait tenue sur ses gardes....

Et, puisque je parle des coquettes dangereuses, des coquettes froides et habiles, et des coquettes professionnelles, je suis, par une pente toute naturelle, amené à m'occuper de leurs malheureuses victimes, les pauvres hommes.

Ne les plaignons pas trop!...

Dans les aventures du cœur, ils ne courent pas les mêmes risques que la femme.

Ah! c'est que pour l'homme l'amour n'est que le

roman de la vie!... c'est le plaisir qui en est l'histoire....
Aussi, l'écriture du type dit *séducteur*, du *don Juan* de
toutes catégories, est-elle fort répandue.

Inutile de dire qu'elle porte les signes, l'empreinte de
la matérialité la plus vulgaire, et parfois même du
vice. Ce sont les lassos de la séduction, avec tous ses
accessoires, toutes ses indications sensuelles ; ce sont
les points du viveur, les fuselés de la sensualité, etc....

Et cela est assez naturel, l'homme étant à base de sensualité et d'égoïsme.

Pour la femme, Dieu merci, il n'en est pas ainsi.

Chez elle l'amour, au sens propre du mot, est la
seule raison d'être de la vie ; et, à sa flamme généreuse,
la sensualité et l'égoïsme, qui sont comme l'essence même
de l'amour masculin, deviennent tendresse et dévouement.

Il fallait bien qu'il en fût ainsi pour la perpétuation
de la race!... si les femmes n'avaient pas eu au cœur
un océan de tendresse, il y a longtemps qu'elle aurait
disparu !

Oui, il faut avoir la loyauté de le reconnaître : l'amour
de la femme est beaucoup plus élevé, beaucoup plus noble, plus désintéressé, plus fidèle que celui de l'homme.

La femme seule sait aimer ; la femme seule sait être
aimée.

Il n'y a pas d'ailleurs que dans l'amour que cette
supériorité s'affirme.

D'une façon générale, et quoi qu'on en puisse penser et dire, la femme est beaucoup plus sincère que
l'homme.

Le mensonge sous toutes ses formes, mensonge par
paroles, mensonge par actions, est beaucoup plus commun chez l'homme que chez la femme, *moralement
beaucoup plus virile que l'homme lui-même.*

Et je ne parle pas de la générosité du cœur, si incon-
testablement supérieure chez la femme ainsi que chaque
jour nous en apporte la preuve à nous autres avocats!

Je prends un exemple emprunté aux divorces....

L'homme qui divorce ne cherchera en général qu'à accabler celle dont il veut se séparer.

Il n'en entendra jamais assez dire de mal....

Pour la frapper il ramassera toutes les armes... même les moins dignes de lui.

Pour les femmes il n'en va pas ainsi.

Un reste d'affection survit dans leur cœur aux coups les plus cruels, aux pires désillusions....

Une femme pourra juger très sévèrement celui qu'elle a aimé, elle ne pourra pas en entendre dire de mal!...

Une sorte de tendresse voilée et constante sera comme le crépuscule de son amour disparu.

— Et maintenant je conclus :

Il résulte de nos observations une preuve nouvelle — *par l'écriture* — que la femme est un être vraiment supérieur; que nous devons l'aimer autant que nous l'admirons; que nous ne lui rendrons jamais le culte qui lui est dû, et que sa beauté physique n'est que le reflet de sa beauté morale.

Entre toutes les femmes belles par leur âme, belles par la noblesse et la pureté de la flamme qui incendiait leur cœur, a brillé une Vierge dont le nom incarne et symbolise à jamais la passion dans ce qu'elle a de plus héroïque et de plus beau, puisque cette passion qui la brûlait était celle de notre cher pays, de notre France bien-aimée, et que cette Vierge était Jeanne d'Arc!...

Jeanne d'Arc, que vous vous apprêtez à fêter tout à l'heure, et vers laquelle s'élèvera comme un pur encens l'hommage de vos chants d'admiration et d'amour!...

Si Jeanne ne savait pas écrire elle avait appris à signer.

Elle traçait la lettre J, initiale de son nom, comme elle aurait dessiné une épée....

Sa signature révèle le courage indomptable, la loyauté

absolue, ce courage moral que nous venons de reconnaître chez les femmes.

C'est dans les premiers jours du mois prochain qu'on magnifiera Jeanne d'Arc.

Je crois avoir démontré qu'il serait juste d'associer toutes les femmes à son apothéose.

PAUL DE FALLOIS.

TABLE DES MATIÈRES

TABLE DES MATIÈRES

A la même Librairie

La Roche-sur-Yon. — Imprimerie Centrale de l'Ouest, 56-60, rue de Saumur.

A la même Librairie

La Roche-sur-Yon. — Imprimerie Centrale de l'Ouest, 14-16, rue de Saumur.

www.ingramcontent.com/pod-product-compliance
Lightning Source LLC
Chambersburg PA
CBHW070806290326
41931CB00011BA/2145